JESUS E O DIÁLOGO DAS RELIGIÕES

ELMAR KLINGER

Jesus e o Diálogo das Religiões
O projeto do pluralismo

EDITORA
SANTUÁRIO

DIRETOR EDITORIAL:
Marcelo C. Araújo

EDITORES:
Avelino Grassi
Márcio F. dos Anjos

COORDENAÇÃO EDITORIAL:
Ana Lúcia de Castro Leite

REVISÃO:
Eliana Maria Barreto Ferreira

DIAGRAMAÇÃO:
Simone Godoy

CAPA:
Antonio Carlos Ventura

TRADUÇÃO:
Edgar Orth

Título original: *Jesus und das Gespräch der Religionen – Das Projekt des Pluralismus*
© 2006, Echter Verlag GmbH, Würzburg
A tradução brasileira foi realizada através da consultoria da agência literária:
Eulama s.r.l.
Via Guido de Ruggiero, 28
00142 – Roma – Itália

ISBN 3-429-02779-9

Dados Internacionais de Catalogação na Publicação (CIP)
(Câmara Brasileira do Livro, SP, Brasil)

Klinger, Elmar
Jesus e o diálogo das religiões: o projeto do pluralismo / Elmar Klinger;
(tradução Edgar Orth) - Aparecida, SP: Editora Santuário, 2010.

Título original: Jesus und das Gesprä der Religionen: das Projekt des
Pluralismus.
ISBN 978-85-369-0192-3

1. Jesus Cristo - Pessoa e missão 2. Pluralismo religioso 3. Teologia das religiões
(Teologia cristã) I. Título.

10-02533   CDD-261.2

Índices para catálogo sistemático:

1. Jesus Cristo: Teologia das religiões

Todos os direitos em língua portuguesa reservados
à **EDITORA SANTUÁRIO** – 2010

Composição em CTcP, impressão e acabamento:
EDITORA SANTUÁRIO – Rua Padre Claro Monteiro, 342
12570-000 — Aparecida-SP — Fone: (12) 3104-2000

Ano: 2013   2012   2011   2010
Edição: **6   5   4   3   2   1**

Sumário

Introdução 7

1. Questões e problemas da teologia hodierna das religiões.
   Um relato da situação 15
   1.1. Projetos do diálogo 17
   1.2. Fato e conceito da pluralidade 21
   1.3. O absoluto e a absolutização no discurso 24
   1.4. "Dominus Jesus" – uma declaração do magistério 28

2. A singularidade de Jesus.
   Existe um sincretismo legítimo? 35
   2.1. O conceito de sincretismo
        – um problema de linguagem 37
   2.2. O que dizem as pessoas do Filho do Homem?
        O problema do monismo de Cristo 44
   2.3. Jesus – o único entre únicos.
        Particularidade em seu significado universal 48
   2.4. Há necessidade de uma teologia do sincretismo?
        A questão da catolicidade 51

3. Jesus – o Filho do Homem.
   Existe feminismo na cristologia? 57
   3.1. A crítica ao patriarcado nos evangelhos 60

3.2. O ser-homem de Jesus.
Um detalhe natural na perspectiva cristológica 65
3.3. O Filho do Homem – a correção do Cristomonismo 69
3.4. A importância da perspectiva feminina
para uma cristologia integral 75

4. "Dominus Jesus" e o Vaticano II 81
4.1. O que ensina a Declaração e o que ela omite? 83
4.2. A igualdade categorial tem qualidade teológica? 91
4.3. Como realçar a verdade no discurso? 92

5. Identidade e diálogo. Ser cristão no pluralismo
das religiões mundiais 99
5.1. O pluralismo é o fundamento do novo pensar sobre Deus.
Perspectivas da fenomenologia religiosa 103
5.2. O pluralismo é formado de identidade.
Ele representa a unicidade de Deus 108
5.3. O Concílio Vaticano II. O projeto do diálogo 112

6. Religião e ethos mundial.
Observações a um projeto liberal 117
6.1. O projeto 118
6.2. Observações 120
6.3. Um panorama 124

7. Anonimato.
Uma categoria cristológica de vida não cristã 127
7.1. O ouvinte da palavra 129
7.2. Nome e sem nome 134
7.3. O inominado da experiência de Deus hoje 137
7.4. Uma forma típica de discurso anônimo
– o mistério absoluto 141

Introdução

Havia adeptos de Jesus que não pertenciam a seu círculo. Eles imitavam os discípulos. Ao se queixarem certa vez a Jesus por causa deles, ele os repreendeu, pois tencionavam impedir a atividade dos não-discípulos que achavam ser própria só dos discípulos. Ele disse: "Não o façais, pois quem não está contra nós está a nosso favor" (Mc 9,40).

Os cristãos estão diante desse problema em seu diálogo inter-religioso. Eles dialogam com adeptos de religiões que respeitam Jesus, mas que não o confessam. São não-discípulos, mas respeitam Jesus; em muitas coisas que fazem podem referir-se a ele. Não são discípulos mas estão em união com Jesus, pois trilham seu caminho.

A qualidade dessa união é um problema muito discutido no diálogo das religiões. Teme-se a encampação de Jesus através de uma religião estranha ou sua encampação através de seus adeptos. No primeiro caso não fazemos justiça a Jesus, pois deixamos que seja a parte subordinada no cosmos de algo estranho. No segundo caso, não fazemos justiça ao estranho, pois deixa de ser estranho e se torna uma grandeza subordinada do que lhe é próprio. Em ambos os casos, o diálogo degenera então em simples monólogo. Ou a religião estranha não deve responsabilizar-se perante Jesus ou Jesus não deve ser responsabilizado perante a religião estranha. Não existe diálogo sem os outros. Só o outro inacessível, inconquistável, torna o diálogo interessante. Só assim pode dar bons resultados, mostrar sua força. Encampação o torna supérfluo, leva-o ao esgotamento. Mas o estranho não se exclui. Pode-se encontrar. Não se pode confundi-lo com o que nos é próprio. A própria estranheza causa a afinidade com o próprio. Os estranhos podem interessar-se uns pelos outros como estranhos. O discurso ontológico chama de univocidade de ser a comunidade, que está no fato de que tudo difere de tudo.

Mas há uma coincidência das religiões além de sua diferença. Falou-se de sua semelhança familiar. Contudo, este conceito tem caráter descritivo. Significa as muitas religiões com seus pontos de vista particulares que, em parte, são incompatíveis e, no entanto, distinguem-se de outras formas de vida espiritual; eis por que possuem uma comunhão entre si. As religiões encarnam uma forma própria de vida espiritual. Elas são vida espiritual e precisamente nisso são semelhantes entre si. Constituem uma grande família com muitos membros. Esperam a salvação do mundo e adoram a Deus – o Absoluto. Neste sistema de semelhança familiar, a particularidade não tem peso especial. Apesar de ser inegável, não tem importância alguma na pergunta sobre o mundo, nem na pergunta sobre Deus. Ela é objeto de tolerância, mas não de afirmações sobre a religião enquanto religião. O pluralismo do particular pertence à multiplicidade de suas formas de manifestação, mas não a seus princípios. Por isso também não é possível discuti-lo normativamente.

Contudo, é um tema central. Primeiro, porque há muitas religiões. Em segundo lugar, as muitas religiões se compõem de muitas pessoas. Em terceiro lugar, as religiões são para essas pessoas o lugar onde elas se distinguem dos outros, mas também onde estão mais profundamente ligadas a eles. Neste lugar esperam a resposta às questões sobre os enigmas de todo ser existente e de toda vida. De onde viemos? Para onde vamos? Quem somos de fato? Por que existe o bem e o mal, o sofrimento e a morte? Qual é este último e indizível mistério de nossa existência que a envolve mas não a pode impregnar?

As respostas que se obtêm a estas perguntas nas religiões são bem diversas. São muitas. Mas possuem um caráter comum e não se limitam a condições de tempo e espaço, a determinados ritos e formas da respectiva tradição. Opõem-se, porém, a uma imposição generalizante. Defendem-se sobretudo contra uma falsa generalização. Elas ultrapassam espaço e tempo, mas neles também estão enraizadas. Ultrapassam símbolos e formas de uma tradição, mas é lá que têm sua posição de vida. As respostas da religião às questões que lhe colocamos são basicamente universais, e ao mesmo tempo particulares. Em outras palavras, são modelares.

O diálogo das religiões tem por isso muitos temas. Pode referir-se a tudo que diz respeito a religiões. Seus temas referem-se à história e filosofia, à etnologia e psicologia, à cultura e ideologia, ao poder e política, bem como à própria teologia.

A questão do particular refere-se aos temas, mas é desafio de método. Pode-se colocá-la em vista do todo ao qual pertence cada particular. Pode-se também colocá-la em vista do particular que só com outros forma o todo e assim transforma em vida uma totalidade ao lado de outras totalidades. O particular não é apenas parte, mas base de um todo. Ele possui função básica. Faz parte de seu fundamento.

O diálogo das religiões tem as próprias religiões como objeto. Realiza-se num sentido comparativo e confessional. Pode ser um diálogo sobre elas e entre elas. É um lugar de informações e de experiências que seus membros fazem em dado momento. Mas seu objeto é também o próprio diálogo que mantêm. Ele abre horizontes de compreensão, constelações focais e perspectivas de ação. Toca em questões do mundo empírico e intelectual. Mas sempre se realiza num plano discursivo. É um acontecimento do "Terceiro Mundo".

A particularidade não se restringe ao plano objetivo ou subjetivo desse acontecer. Ela constitui bem mais o fundamento da própria linguagem que tem caráter dialogal. Existe uma linguagem, sem falante e sem ouvinte, que é o lugar em que um pode tornar-se compreensível ao outro. Ela esclarece condições e incentiva a concordância no tratamento de um com o outro.

O projeto do pluralismo neste sentido traz à discussão a particularidade. É um projeto modelar para o diálogo das religiões, pois cada uma dá sua resposta à questão do mistério mais profundo do ser humano e do mundo. Nenhuma está acima do mistério e da questão a seu respeito. Suas respostas existem para as pessoas, e não as pessoas para suas respostas. Elas nunca conseguem satisfazer o mistério mais profundo pelo qual o ser humano pergunta. Mas podem malográ-lo.

Um diálogo das religiões não tem nenhum sentido sem aqueles que o promovem e perde qualquer significado sem aquilo de que se trata, isto é, as reais respostas que dá. Seu fundamento é, portanto, a pluralidade. Mas esta não justifica o relativismo, nem emite um salvo-conduto a bel-prazer. Mas também constitui não só a parte de um todo ao qual estaria incorporada ou subordinada. Ela é antes a base sobre a qual repousa cada todo e só através dela chega a constituir um todo. Por isso pode também um particular ser exemplo para um todo.

Jesus tem este papel. Ele é um indivíduo particular com significado universal. Ele representa todas as pessoas. Pertence aos seres humanos que são seus irmãos e irmãs. O cristianismo confessa esta irmandade. Ele esclarece: ninguém chega a ele a não ser por Deus. Por isso coloca-se a questão sobre Jesus e sobre a confissão de sua pessoa. O reconhecimento de sua singularidade impede ou fomenta o diálogo das religiões?

Para os representantes da chamada teologia pluralista das religiões, esta questão é um tema central. Eles relativizam a posição de Jesus no diálogo religioso e acentuam a igualdade das partes que o promovem, bem como uma igualdade categorial das religiões que as partes representam. O bem específico pelo qual se distinguem deve ser conservado e reconhecido por elas, mas não é capaz de verdade, nem é relevante para o diálogo. Aí entra, no caso do cristianismo, a singularidade de Jesus.

Este ponto de vista foi rejeitado pelo magistério papal em *Dominus Jesus*. Nele é condenado o relativismo. A singularidade de Jesus é hierarquicamente determinada por ele próprio: Jesus é o senhor de tudo. Haveria no diálogo das religiões uma igualdade das partes, mas não das religiões. Pois ela tem, segundo esta opinião oficial, uma base natural: o direito humano a tratamento igual, mas nenhuma base teológica: a competência do ser humano em assuntos da própria religião.

O livro que agora apresento aborda este problema. Compõe-se de ensaios e conferências que escrevi e dei em diferentes tempos e em diversas ocasiões nos últimos anos. Todos eles giram em torno do pluralismo e também sobre ele foram em parte reelaborados. O pluralismo não é apenas uma "quaestio facti" ou uma "quaestio iuris", mas, segundo opinião do autor, um projeto. Ele pertence aos pressupostos do diálogo das religiões e lhe fixa metas. Abre-lhe possibilidades inesperadas, pois muita coisa é uma e se multiplica por um. O muito pode experimentar através de um único uma multiplicação e desenvolvimento, até mesmo transformação.

Neste projeto, a singularidade de Jesus não se opõe às muitas religiões não cristãs como um colosso estranho que as oprime, mas que as fecunda e permite que se valorizem suas qualidades próprias. Ela pode inspirar o diálogo com elas. Possui e compensa limites, mas também pode superá-los. O *Dominus Jesus* não se esgota em sua posição de senhor, mas é também servo. É o servo de Deus. É o "Servo Jesus".

Assim ele pode tornar possível e fundamentar o diálogo das religiões em geral como em particular. Em geral, pois indivíduos precisam promovê-lo e desempenham o papel-chave. Em particular, ele os fortalece e aperfeiçoa no serviço a Deus e à humanidade que eles devem prestar.

Os artigos que compõem o presente livro tratam da questão da pluralidade no diálogo das religiões sob diversos pontos de vista temáticos.

Começa com um relatório situacional para a colocação da questão, e o horizonte do problema na atual teologia das religiões (1). Afirma que pode haver um sincretismo legítimo no crescimento conjunto das religiões e que Jesus, em sua singularidade, inspira a isso (2). Afirma ainda que o ser humano é dois, isto é, homem e mulher. O feminismo avaliza o pluralismo na cristologia (3). A Declaração *Dominus Jesus* foi questionada pelo Concílio Vaticano II e aferida por ele cuja doutrina sobre o Povo de Deus abrange as religiões (4). O diálogo promovido pelas religiões aguça o sentido pelo que é próprio de cada uma e estranho a ela. Possui por isso uma força formativa de identidade (5). Não pode esgotar-se na liberalidade, mas tem a perspectiva da libertação (6). O último artigo foi escrito em homenagem a Karl Rahner. Trata da categoria do anônimo. Refuta a acusação de inclusivismo e esclarece: é uma categoria cristológica da vida não cristã. A pluralidade constitui um de seus princípios (7).

Jesus é uma exceção entre os seres humanos. Esta circunstância impede incluí-lo. Mas também não o torna tabu para outras pessoas, mas as incentiva para o encontro. Ele é avaliado de modo diferente, mas por isso mesmo significativo para o diálogo. De Jesus pode-se aprender: ser humano e religião são tão pouco idênticos como Deus e religião. A religião existe para o ser humano, não o ser humano para a religião. Por isso ela consiste essencialmente em muitas tradições.

A multiplicidade dos muitos, isto é, sua pluralidade, é o pressuposto de cada diálogo em particular, mas também fundamento da religião em geral e especialmente uma característica do próprio Jesus. Portanto, não se deve entendê-la mal. Não tem nada a ver com aleatório, nem com desunião e intransigência. Ao contrário, ela representa independência, disposição para o encontro, progresso na compreensão, justiça e paz no comportamento das religiões. Ela tem qualidade inspiradora e criadora.

O discipulado não se limita aos discípulos, pois ele existe mesmo entre pessoas que não são discípulos. Só a hostilidade exclui a união. Mas ele pode transformar hostilidade em amizade no relacionamento com todos os seres humanos. Devemos proteger-nos especialmente contra uma falsa generalização no tratamento da pessoa de Jesus. Mas o único que tem sentido para todos, o salvador de todos os seres humanos, é realmente o salvador.

Não se pode, sob poucos aspectos, tratar de todas as questões que se colocam ao tema. Mas aquelas que coloquei gostaria de respondê-las realmente todas. Se o consegui de fato, fica a julgamento dos leitores.

1. Questões e problemas da teologia hodierna das religiões

Um relato da situação

O diálogo das religiões é promovido em muitos lugares nos mais diversos níveis.[1] Marcos no âmbito global são a Oração da Paz de Assis,[2] a Reunião do Parlamento das Religiões Mundiais[3] com o tema de um Ethos Mundial das Religiões, em Chicago 1993, a "Conferência Mundial das Religiões para

---

[1] Versão abreviada dessa contribuição está publicada com o mesmo título em *Diakonia* 33; (2002), cad. 2, 90-97.

[2] Cf. *Die Friedensgebete von Assisi*. Einleitung von Franz Kardinal König. Kommentar von Hans Waldenfels. Freiburg i.Br., 1987. Também "Glaubende aller Religionen: vereint für den Aufbau des Friedens", *Welttag des Friedens*, 1992, ed. pelo Sekretariat der Deutschen Bischofskonferenz, Bonn, 1992 (Arbeitshilfen 92). Também Matthias Kopp, Dialog und Religionsfreiheit. Johannes Paul II, und der Islam. In: *Herderkorrespondenz* (11), 2001, 551-555; idem, *Pilgerspagat. Der Papst im Heiligen Land*. Münster, 2001. Também Francesco Gioia, *Il dialogo inter-religioso nel magistero pontificio*. Documenti 1963-1993. Città del Vaticano, 1994.

[3] Cf. Hans Küng, Karl Josef Kuschel (ed.), *Erklärung zum Weltethos des Parlaments der Weltreligionen*. München, 1993; e também Hans Küng et alii (ed.), *Globalisierung erfordert ein globales Ethos*. Jena, 2000.

a Paz" que se realizou pela primeira vez, em 1970, em Kioto (Japão);[4] o Congresso Islâmico-Cristão de Córdova,[5] em setembro de 1974 ou os 25 anos das Conferências de Bendorf;[6] bem como os colóquios da Academia Europeia para a Ciência e a Arte em Salzburgo, Munique, Riga e Viena. Pessoa singular, mas muito importante, é Thomas Merton. Ele promoveu um diálogo exemplar com o budismo.[7] Existem as equipes abraamíticas nas quais trabalham juntos cristãos, judeus e muçulmanos, e as Comunidades do Reino de Deus, da juventude operária católica de Taiwan.[8] Desde 1975 realizam-se no Instituto teológico-religioso da Universidade de Teologia St. Gabriel em Mödling, perto de Viena, importantes simpósios sobre o encontro do cristianismo com

---

[4] Cf. o panorama geral de Norbert Klaes, Erfahrungen in der "Weltkonferenz der Religionen für den Frieden" (WCRP). In: Anton Peter (ed.), *Christlicher Glaube in multireligiöser Gesellschaft. Erfahrungen Theologische Reflexionen, Missionarische Perspektiven.* Freiburg, 1996, 91-108. A história da Conferência Mundial é discutida em detalhes por Homer Jack, *A History of the World Conference on Religion and Peace.* New York, 1993.

[5] Cf. Mikel de Espalda, Der islamisch-christliche Kongress in Cordoba (setembro 1974). In: *Concilium* 12 (1976), 395-397.

[6] Cf. Martin Bauschke, 25 Jahre jüdisch-christlich-islamischer Trialog. In: Reinhard Kirste et alii (ed.), *Religionen im Gespräch* 5, Balve, 1998, 487-490; idem, *Jesus – Stein des Anstosses. Die Christologie des Korans und die deutschsprachige Theologie.* Köln, 2000. Eugen Biser (ed.), *Interreligious Dialogues.* Wien-Salzburg, 2000.

[7] Cf. Thomas Merton, *Asiatisches Tagebuch.* Zürich, 1987; idem, *Weisheit der Stille.* Berna, 1975; idem, *Die Sinfonie des Seevogels.* Düsseldorf, 1973; idem, *Mystics and Zen Masters.* New York, 1967. Para a tentativa de um ordenamento espiritual, cf. Elisabeth Ott, *Thomas Merton – Grenzgänge zwischen Christentum und Buddhismus.* Würzburg, 1977.

[8] Cf. Josef Meili, Die katholische Arbeiterjugend als Modell von Reich Gottes-Gemeinschaften in Taiwan. In: Anton Peter, *op.cit.*, 58-76.

religiões não cristãs sob o título "Cristianismo Universal diante de um mundo plural", que estão publicados na série de livros "Beiträge zur Religionstheologie" (Contribuições para a teologia das religiões).[9] Por iniciativa do Ministério do Exterior da Áustria, foram levados às Conferências Internacionais cristãs-islâmicas, em Viena, em 1993 e em 1997, continuados estudos sobre o tema "Paz para a humanidade" e "Um mundo para todos".[10] A Conferência iraniana-cristã, em Teerã 1996, com o tema "Justiça nas relações internacionais e inter-religiosas na perspectiva islâmica e cristã", e em Viena, 1999, com o tema "Valores – Direitos – Obrigações" devem-se a esta iniciativa.[11]

1.1. Projetos do diálogo

Os diálogos entre as religiões têm pressupostos, perseguem objetivos e se movem dentro de limites. Este parâmetro é objeto do diálogo sobre os diálogos. Discute datas e programas e é promovido em geral nas ciências comparadas da religião, na

---

[9] Cf. Andreas Bsteh (ed.), *Beiträge zur Religionstheologie*. 9 vols. Mödling, 1976-1999.

[10] Idem (ed.), *Friede für die Menschheit. Grundlagen, Probleme und Zukunftsperspektiven aus islamischer und christlicher Sicht.* Beiträge zur Religionstheologie 8. Mödling, 1994; idem (ed.), *Eine Welt für alle. Grundlagen eines gesellschaftpolitischen und kulturellen Pluralismus in christlicher und islamischer Perspektive.* Beiträge zur Religionstheologie 9. Mödling, 1999.

[11] Idem-Seyed M Mirmardi (ed.), *Gerechtigkeit in den internationalen und interreligiösen Beziehungen in islamischer und christlicher Perspektive.* Mödling, 1997; idem (ed.), *Werte-Rechte-Pflichten. Grundfragen einer gerechten Ordnung des Zusammenlebens in christlicher und islamischer Sicht.* Mödling, 2001.

sociologia da religião, na filosofia da religião e sobretudo na islamística, na indologia, na budologia ou na judaística.[12] Este diálogo é um desafio especial para a teologia, pois são exigidos conhecimentos da própria religião e das religiões alheias. Coloca-se diante de problemas que ela não tinha no passado, mas que hoje precisa resolver, mesmo sendo a religião seu tema específico. O diálogo sobre os fundamentos do diálogo com o islã, o hinduísmo e o budismo foi objeto das academias (ou seminários) religioso-teológicas da Faculdade de Teologia St. Gabriel/Mödling, que se realizaram de 1992 até 1998, e que foram publicadas em seis volumes com o título "Christentum in der Begegnung. Studien zur Religionstheologie".[13] Foram organizadas em colaboração com especialistas europeus e serviram de introdução ao mundo religioso do islã e das religiões hindus para estudantes e pesquisadores, a fim de ficarem mais familiarizados com as exigências modernas do diálogo, e para que "o diálogo com outras tradições religiosas encontre um acesso efetivo nos ambientes de pesquisa e ensino da teologia cristã. As academias estavam – ainda no vestíbulo do diálogo – declaradamente como sinal de um tríplice objetivo, que deveria ser alcançado por relatores e participantes: 1) o esclarecimento

---

[12] A teoria da relação das disciplinas é um problema bem específico que não pode ser abordado aqui. Cf. para tanto, além de outros, Robert J. Schreiter, *Abschied vom Gott der Europäer. Zur Entwicklung regionaler Theologien.* Salzburg 1992 e Leonard Swidler (ed.), *Toward a universal theology of religion.* New York, ²1998; idem, *Die Zukunft der Theologie. Im Dialog der Religionen und Weltanschauungen.* Regensburg/München, 1992.
[13] Andreas Bsteh (ed.), *Christentum in der Begegnung.* Studien zur Religionstheologie. 6 vols. Mödling, 1994-2001.

daquelas questões que são colocadas pela fé cristã no encontro com outras tradições religiosas da humanidade; 2) o reconhecimento de sua relevância e mediação formadora; 3) elaboração e desenvolvimento de iniciativas metódicas e de conteúdo para suas respostas no espírito da fé cristã e profundo respeito pela alteridade das religiões não cristãs".[14] Os participantes e suas experiências são o fundamento do encontro.

Raimon Panikkar chama de diálogo dialógico o que, passando além dos fatos religiosos, tem como tema os próprios participantes. Ele coloca em uma base religiosa a relação com eventual outra religião. Panikkar o chama também de diálogo "intra-religioso" para diferenciá-lo do inter-religioso, ou também "diálogo dialético", que se esforça por uma determinação proporcional no sentido da ciência comparada das religiões ou no sentido apologético.[15] O próprio diálogo dialógico é um procedimento religioso. É realizado entre os representantes da respectiva religião no plano da teologia e da ciência. Ele acentua o ponto de vista do conteúdo da tradição que eles representam, sonda as possibilidades do encontro, luta pelo progresso da compreensão de determinada tradição e faz com que o conteúdo da tradição, que sempre é omitido nos diálogos, mas pelo qual todos devem orientar-se, seja o parâmetro da consideração da tradição própria e alheia. Sua pluralidade e o pluralismo de seu ponto de vista pertencem, pois, a seus fundamentos.

---

[14] Idem (ed.), *Christlicher Glaube in der Begegnung mit dem Buddhismus.* Studien zur Religionstheologie 6. Mödling, 2001, 9.

[15] Cf. Raimon Panikkar, *The intrareligious dialogue.* New York, 1999; também "Vom Herzen sprechen". Ein Gespräch der Herder-Korrespondenz mit Raimon Panikkar über den interreligiösen Dialog. In: *Herderkorrespondenz* 9 (2001), 448-453.

Na teologia pluralista das religiões, a multiplicidade de religiões é objeto da teologia. É um fato inconteste da religião como religião, dado real e de importância fundamental. A pergunta sobre Deus e Cristo recebe uma nova colocação. Constitui um tema central da discussão. Característicos e orientadores são os títulos de escritos de John Hick e Paul F. Knitter. Chamam de mito a doutrina da unicidade de ser cristão. Assim: *The Myth of Christian Uniqueness. Toward a Pluralistic Theology of Religions.*[16] O questionamento central é feito paradigmaticamente por John Hick com títulos de obras como *God and the Universe of Faith;*[17] *Problems of Religious Pluralism;*[18] *God Has Many Names;*[19] *The Metaphor of God Incarnate. Christology in a Pluralistic Age;*[20] *An Interpretation of Religion;*[21] em alemão: *Religion. Die menschlichen Antworten auf die Frage nach Leben und Tod,*[22] bem como Paul F. Knitter, *Ein Gott – viele Religionen. Gegen den Absolutheitsanspruch des Christentums*[23] e *Horizonte der Befreiung. Auf dem Weg zu einer pluralistischem Theologie der Religionen.*[24] Fazem um balanço dessa teologia no esclarecimento de suas posições Reinhold

---

[16] New York, ²1988.
[17] London, ³1988.
[18] New York, 1985.
[19] London, ²1982.
[20] Louisville, 1993.
[21] London, 1989.
[22] München, 1996.
[23] München, 1988.
[24] Frankfurt, 1997.

Bernhardt, *Horizontüberschreitung. Die pluralistische Theologie der Religionen*,[25] Karl-Heinz Menke, *Die Einzigkeit Jesu Christi am Horizont der Sinnfrage*, bem como os volumes publicados por Raimund Schwager *Christus alein? Der Streit um die pluralistische Religionstheologie*,[26] *Relativierung der Wahrheit? Kontextuelle Christologie auf dem Prüfstand*[27] e o volume publicado por Hans-Gerd Schwandt, *Pluralistische Theologie der Religionen. Eine kritische Sichtung*.[28]

1.2. Fato e conceito da pluralidade

O mais interessante, o mais importante, o mais discutido e também o menos esclarecido mote dessa teologia é seu próprio conceito-título – o pluralismo. É usado tanto substantiva quanto adjetivamente. Significa a multiplicidade atual das religiões com a qual temos de lidar, mas ao mesmo tempo a interpretação dessa multiplicidade na teologia. Trata-se de sua legitimidade, não apenas de sua existência real, da "quaestio iuris" e não só da "quaestio facti". A multiplicidade é assim entendida em princípio. Um ponto de vista teórico satisfatório, que faz do muito o fundamento do um e não os confronta apenas de modo concorrente, ainda não foi desenvolvido até agora. O mito tem um sentido muito

---

[25] Gütersloh, 1991.
[26] Freiburg, 1996.
[27] Freiburg, 1998.
[28] Frankfurt, 1998.

amplo e é entendido de maneira bem diferente. Hans Waldenfels fala de um pluralismo existencial no sentido da pós-modernidade; Felix Wilfred fala de um pluralismo místico, Paul Knitter, de um pluralismo universal; Reinhold Bernhardt, de um pluralismo monístico, ele aponta para o emprego ambíguo desse conceito; Michael von Brück distingue entre um pluralismo esclarecido, um pluralismo histórico-religioso das culturas, um pluralismo ocidental e um asiático, um pluralismo teológico e um aleatório. Gavin D'Costa – um oponente declarado de Hick e Knitter – chama o ponto de vista deles de mito: *Christian Uniqueness Reconsidered. The Mith of a Pluralistic Theology of Religions.*[29] Panikkar exige que, além de uma mentalidade pluralista, o pluralismo cristão, cujos representantes são pluralistas cristãos, não reduza o ser cristão a uma compreensão quantitativa, mas que o caracterize em sua singularidade qualitativa.[30]

O linguajar não esclarecido na teologia pluralista das religiões torna necessário maiores esforços no campo da formação teórica. Perseguem até hoje um objetivo pragmático no campo do diálogo. Knitter diz: "O diálogo é, por assim dizer, o 'maior bem', o 'valor normativo' na teologia pluralista das religiões. Os pluralistas gostariam de promover um intercâmbio mais autêntico e mais produtivo entre as religiões, [...] que leve à melhoria,

---

[29] New York, 1990.
[30] Raimon Panikkar, *Der Weisheit eine Wohnung bereiten.* München, 1991, 178-187. Para um questionamento geral, cf. também o escrito comemorativo para Hans Waldenfels: Günter Risse et alii (ed.), *Wege der Theologie: an der Schwelle zum dritten Jahrtausend.* Paderborn, 1996.

talvez até à mudança dos fiéis".[31] Pois há uma responsabilidade global de todas as religiões pelo mundo de hoje. Todas estão interessadas na salvação das pessoas e desenvolvem um programa soteriológico. Podem dar uma contribuição para a libertação dos seres humanos e nisso serão avaliadas. Por isso está no ponto central da cristologia em Knitter não a pessoa, mas a obra de Jesus, a solidariedade com os sofredores na mensagem do Reino de Deus. Ela possui prioridade teológica e cristológica.

A pretensão de verdade exclusiva de seu próprio ponto de vista, o direito de representação exclusiva em matéria de religião, a absolutização do cristianismo, tudo isto tira o interesse pelo diálogo e impede a disposição de sequer promovê-lo. Por isso é indispensável uma relativização da doutrina teológica e da cristologia. Temos de distinguir o em-si de Deus ao qual todas as religiões se referem, e a multiplicidade de perspectivas em que ele se mostra e à qual se referem os nomes de Deus. O mesmo vale para o seguimento de Jesus na condução da vida e nas profissões de fé em sua pessoa que são multiformes. Afirmações isoladas da Escritura têm importância hínica, não teológica.

A teologia do pluralismo encontra-se assim diante de um problema de linguagem. Não pode contorná-lo devido ao critério que ela mesma se fixa – a exigência da capacidade para o diálogo – devido à tradição da qual provém e com a qual deve entender-se – a da cristologia clássica – e também devido às afirmações que ela mesma faz. A questão soa assim: a singula-

---

[31] Paul F. Knitter, Apologie einer pluralistischen Theologie und Christologie. In: Hans-Gerd Schwandt (ed.), *Pluralistische Theologie der Religionen*. Frankfurt, 1998, 75-95; 76.

ridade de Cristo é uma impugnação ou uma confirmação do pluralismo? É um empecilho ao diálogo ou fundamenta e motiva sua promoção?

1.3. O absoluto e a absolutização no discurso

A teologia pluralista das religiões oferece neste plano muitas oportunidades de entendimento teórico-linguístico. Não se poderá dizer que a tese kantiana de Hick, da coisa em si (noumenon) e de suas formas de manifestação (phaenomenon), em que o nome de Deus não alcança o primeiro e se esgota no segundo, satisfaça as exigências de hoje e possa resolver o problema. Pois na linguagem tanto o conhecido como o desconhecido são objeto de afirmações reais. Objeto e objetificação, matéria e materialização, absoluto e absolutização devem por isso ser cabalmente distinguidos. Pluralidade e universalidade não constituem nenhuma oposição, elas se implicam mutuamente. Ambas constituem verdadeiro discurso. Tudo o que existe e que pode integrar o tema é um único. Mas o único é sempre um entre muitos. Unicidade e pluralidade não podem contradizer-se – logicamente consideradas. Quanto mais unívoco é um único, tanto mais se relaciona com o outro e tanto melhor se pode distingui-lo dele e determiná-lo em seu próprio caráter. É inevitavelmente objeto de afirmações gerais.

Um discurso ulterior sobre os pressupostos teórico-linguísticos do diálogo das religiões pode por isso ser útil e deve ser lembrado quando se trata realmente das religiões. Deve-se empregar com muita cautela o conceito de mito na caracterização do tradicional. Não serve em geral; há outras formas literárias de sua documentação, inclusive aquela do relato histórico. As religiões tematizam o supra-histórico, mas todas têm uma história e lidam com ela. Também são em si mesmas um fenômeno plural. Não o são apenas em seus opostos. Por isso é problemático o linguajar generalizante no tratamento da palavra religião. Além disso, procurar sua característica no discurso sobre Deus tem limites. Ela marca a tradição oriental à qual pertence a teologia pluralista das religiões, mas não se pode empregá-la para o budismo. Ela não é uma base comum para um diálogo, mas objeto do discurso de conteúdo. Portanto, há que corrigir este pressuposto hermenêutico, ainda que o problema em si continue sendo o tema central. O objetivo do diálogo não é a absolutização nem a relativização das afirmações de cada um. Trata-se de sua tematização sob condições alheias, até então desconhecidas. Sua verdade deve ser representável a partir dessa perspectiva e sobre seu chão deve poder ser afirmada como verdadeira. O verdadeiro é sempre um bem. Os diálogos são pois o critério supremo e o máximo bem, se forem verdadeiros diálogos. A capacidade de ser verdadeiro e a reivindicação de verdadeiro devem ser distinguidas da própria verdade. Sua confusão torna os diálogos sem saída.

Em seu discurso sobre Deus e sobre Cristo, a teologia pluralista das religiões encontra-se diante desse problema. Quer superar o discurso ontológico dos tratados clássicos e aposta no discurso funcional. A vida de Jesus e sua mensagem do Reino de Deus são diferenciadas da profissão de fé em Jesus Cristo. Esta não pode prescindir daquelas. A vida de Jesus faz parte das afirmações sobre ele, mas tem uma primazia. O discurso cristológico abrange as duas coisas. É um acontecimento plural que torna fato essencial não a anteposição ou posposição, mas a igualdade de seus polos. A cristologia ontológica está diante desse problema funcional, pois abordou a doutrina da pessoa de Jesus num tratado separado. Mas a cristologia funcional, por sua vez, está diante do problema ontológico. Deve mostrar até que ponto a doutrina da salvação por Jesus é uma doutrina verdadeira e pode referir-se ao próprio Jesus. A multiplicidade de agentes de salvação e a unicidade de sua pessoa não se devem contradizer. Sua unicidade torna-se palpável na multiplicidade e deve ser esclarecida dentro dela.

Há um reconhecimento do pluralismo das religiões na própria tradição cristã. O esquema de um ou/ou de exclusivismo, inclusivismo e pluralismo não consegue abranger suficientemente este estado de coisas. Perry Schmidt-Leukel dá a esta classificação inclusive um atestado de inevitabilidade lógica e acha que com isso fica plenamente delimitado o problema todo. Neste sentido, o cristianismo seria exclusivista, enquanto rejeita outras religiões, ou inclusivista enquanto as refere a si e lhes atribui uma justificação parcial. Mas não seria pluralista, porque não reconhece a igualdade delas.[32] O que

---

[32] Para a origem e avaliação dessa classificação, difundida em toda parte, cf. Perry Schmidt-Leukel, Die religionstheologischen Grundmodelle: Exklusivismus, Inklusivismus, Pluralismus. In: Anton Peter, *op. cit.* 227-248. Afirma que esta classificação seria "abrangente e inevitável sob o aspecto lógico, e adequada sob o ponto de vista teológico" (227). É programaticamente tratada em seu livro *Grundkurs der Fundamentaltheologie. Eine Einführung in die Grundfragen des christlichen Glaubens.* München, 1999, 184-204. Autor importante na história da classificação é Gustav Mensching, a quem Schmidt-Leukel não se refere. Sobre Mensching diz Hans Waldenfels em

significa então "pluralista"? Em que está a característica do pluralismo e como se deve entendê-la? Esta questão é um problema de linguagem. Existem muitas maçãs e muitas batatas, mas ninguém chegaria ao ponto de dizer que maçãs e batatas são o mesmo fruto, só porque há muitas de cada uma delas, ou afirmar que existem muitas espécies de frutas e por isso a fruta individual some nesta multiplicidade. Pluralismo e igualitarismo não são a mesma coisa, mas se contradizem. Contra uma generalização hermenêutica de pontos de vista é preciso acentuar o caráter plural da teologia como teologia. Ela não é um monólogo, mas sempre um discurso sobre pontos de vista. Ela mesma é um estado plural de coisas. Tem muitas fontes, muitos métodos e muitas direções. Pode-se até perguntar se o conceito de uma teologia pluralista não é uma tautologia e que se deva dizer: ou a teologia é plural ou não é teologia. Outra pergunta seria se e como a teologia leva em conta esta sua própria natureza. Sendo exclusivista ou inclusivista não

---

Begegnung der Religionen. Bonn, 1990, p. 81: Ele "distinguiu cientifica-religiosamente entre pretensões exclusivas e inclusivas de absolutismo, mas realçou com a clareza desejável que toda religião como religião mundial contém uma pretensão de absolutismo". É duvidoso se o absolutismo pode ser pensado em oposição à pluralidade em geral. Seria neste caso, para falar com o Hegel, um absolutismo ruim. Seria simplesmente uma absolutização. Algo absoluto abrange necessariamente mais coisas. A questão de saber em que sentido o faz depende de sua qualidade. O verdadeiro absoluto pode ser pluralista, sem dúvida. Pode realçar o múltiplo em sua multiplicidade e, no caso da própria realidade, produzi-lo de fato. Tanto a pluralidade quanto a individualidade podem ser absolutizadas. Tal absolutização existe para Schmidt-Leukel no fato de ele excluir a não-religião – o ateísmo – da questão sobre a religião e sobre o conceito que dela temos de desenvolver. Ele trata da religião exclusivamente e por isso não pode perceber a importância secular de suas afirmações. Ele a sacrifica no altar de sua lógica exclusivista.

o consegue. Deveria ser capaz de olhar o próprio a partir da perspectiva dos outros sem neles se perder.[33] Este pluralismo é manifesto na doutrina trinitária, na cristologia e na eclesiologia. Também lá está ancorado.[34] A tese de uma legítima existência de religiões não cristãs nas fontes da tradição cristã é defendida por Jacques Dupuis.[35] Ele enfatiza a relacionalidade de todo o acontecer salvífico, de modo que o particular pode possuir universalidade. Ainda não existe uma teologia fundamental desse pluralismo.

1.4. "Dominus Jesus"
– uma declaração do magistério

No plano do magistério eclesiástico, a Declaração "Dominus Jesus" trata da teologia atual das religiões.[36] Seu tema

---

[33] Cf. para este ponto de vista o capítulo 4 a seguir.

[34] Cf. para isso Józef Niewiadomski, Raymund Schwager, Gerhard Larcher, Dramatisches Konzept für die Begegnung von Religionen. In: Raymund Schwager (ed.), *Christus allein? Der Streit um die pluralistische Religionstheologie.* Freiburg, 1996, 83-117; bem como Hans-Martin Barth, Christlicher Glaube im Kontext nichtchristlicher Religionen. In: Hans-Gerd Schwandt, *op. cit.* 97-116. Ver também Elmar Klinger, Herman Schell im Gespräch der Weltreligionen. In: Ottmar Meuffels, Rainer Dvorak (ed.), *Wahrheit Gottes – Freiheit des Denkens. Herman Schell als Impulsgeber für Theologie und Kirche.* Escrito comemorativo pelos seus 150 anos de nascimento. Würzburg, 2001, 81-94. Além disso, Hans-Joachim Sander, *Herman Schells Apologetik der pluralen Wahrheit des Glaubens, ibidem* 95-108.

[35] Jacques Dupuis, *Toward a christian theology of religion.* New York, 2001.

[36] Kongregation für die Glaubenslehre, Erklärung "Dominus Jesus". Über die Einzigkeit und die Heilsuniversalität Jesu Christi und der Kirche. Verlautbarungen des Apostolischen Stuhls 148. Hg. v. Sekretariat der Deutschen Bischofskonferenz. Bonn, 2000. Cf. também capítulo 5.

é a unicidade e a universalidade salvífica de Jesus Cristo e da Igreja. Volta-se contra a tentativa de justificar o fato do pluralismo religioso, dizendo que se distingue entre a economia salvífica do Verbo eterno (fora da Igreja) e a economia salvífica do Deus encarnado, de forma que a primeira é universal, mas a segunda não. Hick e Knitter não são mencionados, mas em vez disso se diz: "Semelhantes teses estão em profundo contraste com a fé cristã" (10). A vontade salvífica universal do Deus trino tornou-se realidade na vida, morte e ressurreição de Jesus. "Tendo presente este dado de fé, a teologia, hoje, meditando na presença de outras experiências religiosas e no seu significado no plano salvífico de Deus, é convidada a explorar se e como também figuras e elementos positivos de outras religiões reentram no plano divino de salvação" (14). As expressões unicidade, universalidade e absoluto exprimem fidelidade ao texto revelado, uma vez que brotam das fontes da fé (15). No entanto, não se tiram significados unívocos para as expressões *Reino dos Céus, Reino de Deus* e *Reino de Cristo* (18). A Igreja não pode ser considerada como um caminho de salvação ao lado dos caminhos das outras religiões, como se estes fossem complementares à Igreja ou até substancialmente equivalentes à mesma (21). A Igreja exclui de forma radical a mentalidade indiferentista, imbuída de um relativismo religioso que leva a pensar que tanto vale uma religião como a outra (22).

Uma Declaração do magistério não é nenhum discurso entre teólogos. Não é promovido nela, nem dela deve ser esperado. Realizou-se no limiar. O artigo do Cardeal Ratzinger, na revista *Communio* 1996, sob o título "Zur Lage von

Glaube und Theologie heute", refere-se à teologia pluralista das religiões.[37] Hick responde a este artigo em "Dialog der Religionen" sob o título "Eine Antwort auf Kardinal Ratzingers Ausführungen zum religiösen Pluralismus".[38] Dignas de nota são as observações da Congregação ao livro de Jacques Dupuis no Appendix 1.[39]

A Declaração trata incidentalmente ou nem trata dos anseios mais importantes da teologia pluralista das religiões. Trata de erros que talvez estejam a ela ligados ou que ela fomenta. Seus representantes também não são diretamente mencionados. O problema é a consideração igualitária das religiões. Ela é rejeitada através de afirmações exclusivistas e inclusivistas que, na verdade, motivam e permitem um diálogo no âmbito da evangelização. Mas a paridade dos parceiros faz parte do diálogo, não da evangelização. Esta não pode pois referir-se a conteúdos doutrinários. A Igreja

---

[37] *Internationale Katholische Zeitschrift Communio* 25 (1996), 359-384. Cf. também Indien: Theologen unter römischem Verdacht, in *HK* 1 (1997), 14-16.

[38] Esta resposta também está reproduzida em Reinhard Kirste et alii (ed.), *Religionen im Gespräch* 5. 1998, 493-496. Para debate com Hick, cf. também Hans-Joachim Sander, Die Differenz der Religionen – Glauben im Pluralismus des Heiligen. Der Religionsdisput von Yamaguchi und die pluralistische Religionstheorie von John Hick. In: *Neue Zeitschrift für Missionswissenschaft/Nouvelle Revue de science missionaire* 54 (1998), 3-22.

[39] Cf. Jacques Dupuis, *op. cit.* Appendix, 434-438. Contém a intermediação única e universal da salvação de Jesus Cristo, a unicidade e totalidade da revelação de Jesus Cristo, a ação salvífica universal do Espírito Santo, a orientação de toda a humanidade para a Igreja, para o valor e a função salvífica das tradições religiosas.

evangeliza, mas não é evangelizada. O pluralismo tem significado fático, mas não se deixa compreender fundamentalmente. A ortodoxia está antes da ortopraxia, não esta acima daquela.

O principal problema da Declaração "Dominus Jesus" está no que ela não diz. Não contesta o pluralismo na tradição e na teologia, como acontece no magistério do Concílio Vaticano II. Nem mesmo toma conhecimento dele. Nem ela, nem os pontos de vista que defende, referem-se ao pluralismo. Isto vale especialmente para o conceito do diálogo, que ela só admite no plano natural, não no sobrenatural.[40]

Mas atingidos por isso são também o Jesus terreno, o Reino de Deus na cristologia, o Povo de Deus na eclesiologia, bem como a evangelização na missiologia. Finalmente, a Constituição Pastoral não é abordada em parte alguma, nem mesmo no começo.

Na cristologia diz-se sobre Jesus que ele é a plenitude e o centro de toda a revelação. Mas ele mesmo não chega a falar em parte alguma. Sua mensagem do Reino de Deus, que o torna uma grandeza decisiva, a plenitude de toda a revelação na história, é relativizada e até mesmo caricaturada. Diz-se

---

[40] Diferentemente disso, cf. "Nostra aetate" com a avaliação do Cardeal Arinze, 30 Jahre Nostra aetate. Die "Magna Charta" des Konzils für den interreligiösen Dialog. In: *Christlich-islamische Begegnung* 9 (1995), 144-146. Uma discussão biográfico-ideológica sobre "Dominus Jesus" faz Hermann Häring, *Theologie und Ideologie bei Joseph Ratzinger.* Düsseldorf, 2001. É interessante para ler, mas não leva em conta o caráter magisterial do texto. Este é bem claro ao abordar o pluralismo da doutrina do Vaticano II. Ele não o valoriza.

textualmente: "Não se tiram significados unívocos para as expressões Reino dos Céus, Reino de Deus e Reino de Cristo, nem para a relação das mesmas com a Igreja, sendo esta um mistério que não se pode encerrar totalmente num conceito humano" (18).

A eclesiologia causou o maior desgosto e sofreu a maior contradição. Gostaria de salientar aqui apenas uma lacuna: a estipulação proporcional de Igreja e Reino de Deus. Diz-se que a Igreja deveria anunciar e fundamentar o Reino de Deus, mas não que ele é um parâmetro para ela e que Jesus a fundou com ele e nele. A expressão "Povo de Deus" não ocorre uma única vez em toda a Declaração, embora a Igreja consista dele e seja a congregação do Povo de Deus. Além disso, é o conceito-chave da eclesiologia do Vaticano II.

Das outras religiões, a Declaração só trata de modo bem limitado. Ela admoesta contra o relativismo e indiferentismo. A Igreja não é apenas um caminho salvífico ao lado de outros, mas o caminho necessário de salvação. Há uma necessidade de pertencer a ela.

Mas a Declaração, pelo fato de não saber dizer nada de unívoco e, na verdade, não saber dizer nada sobre o Reino de Deus, porque só discute controversamente este conceito, também não domina o conceito de evangelização. Ele é também um conceito central do Vaticano II e significa já *per definitionem* o anúncio do Reino de Deus. O anúncio tem caráter libertador. Mas disso não se fala em parte alguma da Declaração. Ela não consegue captar em seu conteúdo a necessidade da Igreja para a salvação, nem fundamentá-la a partir da questão. Vai dedutivamente à obra: porque a Igreja acredita na vontade salvífica de Deus, deve ser missionária (22).

A Constituição Pastoral "Gaudium et Spes", do Vaticano II, é o fundamento mais geral e o horizonte mais abrangente de toda a revelação da vontade salvífica no mundo de hoje e da missão da Igreja. É citada apenas uma vez de passagem, mas tematicamente nunca lembrada. Contudo, ela possui uma função-chave ao tratar das relações da Igreja com o mundo não cristão. Ela autoriza e fundamenta uma teologia do ver, julgar, agir. Só com base e à luz dos pontos de vista alheios é possível esclarecer significativamente seu próprio ponto de vista global.

2. A singularidade
de Jesus

Existe um sincretismo legítimo?

Tomo a liberdade de começar com citações. Num livro de 1990, Raimon Panikkar chama sua própria história de vida de uma peregrinação através de várias religiões. Ele diz: "Parti como cristão", "encontrei-me como hinduísta" e "volto como budista, sem contudo deixar de ser um cristão".[41] Sua biografia é o caminho de um cristão que encontrou o hinduísmo, tornou-se budista, mas nunca deixou de ser cristão. Cabe a pergunta: Será que esta peregrinação tem afinal algum sentido? Onde está seu objetivo? É ela um caminho aleatório que se pode ou não trilhar, ou é o caminho que não se pode evitar?[42]

---

[41] Raimon Panikkar, *Der neue religiöse Weg*. München, 1990, 51.
[42] Este artigo foi publicado com o título "Das Christentum vor dem Problem des Synkretismus. Die Herausforderung der Einzigartigkeit Jesu", em *Religionen unterwegs* 11 (2005) 3, 4-10.

Outros autores afirmam sua inevitabilidade no interesse do próprio cristianismo. Uma frase de Eugen Drewermann soa assim: "Nós, como cristãos, somos por demais veterotestamentários e muito pouco egípcios para sermos verdadeiramente cristãos".[43] E em Willigis Jäger lê-se: "A onda é o mar".[44] Ela consiste da mesma água, usufrui do mesmo vento e, no entanto, possui seu próprio caráter. Mas ela vive da água.

Essas citações são uma seleção. Podem ser completadas por muitas outras, mas concordam em três pontos. São expressões de religião vivida. O viver é multiforme e haure de muitas fontes e por isso também é religião vivida. O segundo ponto são as questões dogmáticas. Elas permanecem abertas e levam a objeções do magistério. Mas finalmente todos lutam com o mesmo problema, a censura do sincretismo. Que posição ocupa o cristianismo no campo das religiões? Está no mesmo plano que as outras, ou a diferença em relação a elas é de interesse religioso e teológico?

O papa João Paulo II também esteve diante desse problema no dia mundial de oração de todas as religiões, em Assis. Ele disse: "Nós respeitamos esta oração, mesmo que não queiramos fazer nossas as formas de oração com que se expressam outras confissões de fé, assim como também os outros não gostariam de fazer suas as nossas orações. O que vai acontecer em Assis não é certamente um sincretismo religioso, mas trata-se de uma

---

[43] Eugen Drewermann, Religionsgeschichtliche und tiefenpsychologische Bemerkungen zur Trinitätslehre. In: Wilhelm Breuning (ed.), *Trinität. Aktuelle Perspektiven der Theologie.* QD 101. Freiburg, 1984, 142.

[44] Willigis Jäger, *Die Welle ist das Meer. Mystische Spiritualität.* Freiburg, 2000.

autêntica atitude de oração a Deus no respeito mútuo. Por isso foi escolhida para o encontro de Assis a formulação: estar juntos para orar. Certamente não se pode 'orar juntos', isto é, pronunciar uma oração comum, mas pode-se estar juntos quando os outros oram".[45] O fundamento dessa recusa é de natureza dogmática, "pois só em Cristo todos podem ser salvos", explica o papa.[46] Daí o tema: "A singularidade de Jesus. Existe um sincretismo legítimo?" Trabalha o conceito de sincretismo num plano linguístico, a questão do Filho do Homem e o problema do monismo de Cristo num plano cristológico, a particularidade e sua importância universal num plano filosófico e a questão de uma teologia do sincretismo num plano eclesial.

2.1. O conceito de sincretismo – um problema de linguagem

No mundo global, a religião vivida é desafiada mais do que nunca pelas outras religiões. Ficamos pasmos com a piedade dos muçulmanos, chocados com o ódio aos judeus, lamentamos o terrorismo que se legitima religiosamente e tomamos conhecimento, com admiração, de que há muita sabedoria de vida no hinduísmo. Como qualificar essas experiências? Não é possível desconhecê-las. Mas como avaliá-las? Que consequências tirar

---

[45] Papa João Paulo II, Zusammensein um zu beten. Ansprache bei der Generalaudienz am 22. Oktober. In: *Der Apostolische Stuhl 1986. Vollständige Dokumentation*, Köln s/d, 258.

[46] *Ibidem*, 260.

delas? O encontro com outra religião ocorre hoje mais do que nunca. Saliente-se o "mais do que nunca", pois também houve encontro no passado. A história da religião tem dele conhecimento desde sempre. Ele é talvez o desafio central da religião em geral, pois todo aquele que encontra um outro deve poder esclarecer quem ele mesmo é.

A ciência das religiões abrange a permeação mútua das religiões no conceito do sincretismo. Este conceito tem sentido descritivo e normativo. Pode descrever e qualificar constelações religiosas. Por isso há que se destacar nele o linguístico. Deve-se prestar atenção como alguém o emprega, em que sentido, e para qual finalidade.

Um olhar sobre a história da palavra dá um esclarecimento. Sincretismo é originalmente um conceito político. Significa o crescimento interno conjunto em face da ameaça exterior. Neste sentido é usado por Plutarco que, referindo-se aos cretenses, o explica como "modo de proceder dos cretenses que muitas vezes guerreavam entre si, mas, agredidos por inimigos de fora, enterravam a hostilidade entre si e se uniam; isto foi o que eles mesmos chamam de sincretismo".[47] Um sentido negativo ele o tem em Erasmo de Roterdam, que o toma de Plutarco, mas o aguça moralmente e o emprega para esclarecimentos religiosos. Ele o relaciona aos conflitos entre os cristãos que aparentemente se unem devido a ameaças externas, mas que na verdade continuam inimigos. Ele diz: "Esta palavra é empregada com razão para aqueles que fazem uma aliança, não porque se amem, mas

---

[47] Plutarco, *De fraterno amore* 19.

porque um precisa da ajuda do outro. [...] Assim acontece também muitas vezes em nossos tempos: as pessoas se unem ainda que de resto se oponham na maior hostilidade, pois tão grande é também o desejo de vingança, entre os cristãos".[48] Neste sentido negativo, o sincretismo não significa nenhuma união verdadeira, mas só aparente, nenhuma união definitiva, mas só provisória. Não reúne o que pertence junto, mas reúne o que não cabe junto. Ele encobre as diferenças entre as religiões e gera confusão. O sincretismo recebe portanto um sentido pejorativo e, na maioria das vezes, é assim empregado hoje. Não significa crescimento conjunto, mas mistura. É traduzido por "mistura de religiões". Mas a expressão, segundo um léxico, foi aplicada normalmente àqueles que são acusados de terem abandonado uma fé histórica e depois pretendem praticar alguma religião ecumênica que vai além das religiões existentes.[49] Apesar do sentido negativo e desqualificador que possui atualmente, a expressão conserva grande força descritiva. A ciência da religião, da qual é um termo técnico, designa com isso o crescimento conjunto de diversas religiões que juntas marcam uma época e outras mais. Fala-se nesse caso de "sincretismo romano". Ele permitia novos cultos das mais diversas procedências, mas submetia-os à autoridade romana. O "Pontifex maximus" era a última instância na Roma antiga. Ele lhes dava legitimação jurídica e religiosa. Bom exemplo desse tipo de crescimento conjunto são os nomes dos deuses. Eles eram intercambiáveis. A assim

---

[48] Erasmo de Rotterdam, *Adagia*, I, 1, 11.
[49] Cf. verbete "Synkretismus". In: John Bowker (ed.), *Das Oxford-Lexikon der Weltreligionen*. Düsseldorf, 1999, 964.

chamada *interpretatio romana* consistia no entendimento de que diferentes povos cultuavam as divindades romanas, só que com outros nomes. Zeus e Júpiter, Hermes e Mercúrio, Hera e Juno são palavras de igual significado, mas de sentido diferente. São empregadas como sinônimos, mas entendidas de modo diferente.[50] Nos povos submetidos ao Império Romano, ocorria o mesmo processo, só com outros indícios. É difícil distinguir os casos de simples importação das divindades romanas dos casos em que divindades locais sobreviveram sob o nome de algum deus romano, e distinguir ambos os casos de um genuíno sincretismo. Na África do Norte, por exemplo, a ampla difusão de Saturno, um deus que na Itália, sua pátria, era pouco lembrado, significa sua aceitação no lugar do deus local Baal Hamon. Às vezes a união levava ao uso dos dois nomes – o local e o romano – como em Sulis Minerva, em Bath (Inglaterra).[51]

Este crescimento conjunto abrange todos os campos da vida religiosa. Refere-se à linguagem. O uso sinônimo dos nomes, sua paralelização e sua decomposição em modos de expressão totalmente novos são exemplo disso. Mas refere-se também ao reconhecimento de uma autoridade religiosa máxima, por exemplo, o *Pontifex maximus*. Refere-se aos símbolos. A água, a árvore, a caverna, a montanha encontram-se quase em toda parte. São símbolos primevos da religião e lugar de um sincretismo da representação. O mesmo se aplica a ritos, mitos e

---

[50] Cf. Günter Lanczkowski, Zur Entstehung des antiken Synkretismus. In: *Saeculum* 6 (1955), 227, bem como o verbete "Synkretismus". In: *Meyers Enzyklopädisches Lexikon*. Vol. 23. Mannheim 1981, 107.
[51] Cf. John R. Hinnells (ed.), *The Penguin dictionary of religions, Syncretism* (Roman), London 1995, 507-508.

arquiteturas. O sincretismo é um sinal característico da religião em geral. Na opinião da ciência hodierna das religiões, todas elas são sincretistas. Isto vale especialmente para as religiões mundiais. Cada uma tem seu lugar na vida. Do islã diz um autor que ele é como a água que corre sobre a terra e assume a cor da terra sobre a qual corre.[52]

A crença de que é possível descobrir a forma primitiva de uma religião, que estivesse livre de sua história sincretista, (por exemplo, o cristianismo neotestamentário) é uma ilusão. O que, no entanto, continua digno de discussão é o controle e a limitação do sincretismo através das tradições supervenientes, que são um limite para inovações demolidoras.[53] O crescimento conjunto possui assim um momento normativo. Não se deve excluí-lo de antemão – pois pertence à possibilidade da própria religião – nem limitá-lo às diferenças de compreensão – pois é um processo real; nem desqualificá-lo no sentido da censura moderna de falta de princípios – pois ele se deixa controlar. Nem tudo pode crescer junto a todo tempo, sob todo ponto de vista e com tudo em geral. Alguma coisa se exclui mutuamente.

O cristianismo está portanto diante do problema do sincretismo, pois lhe resistiu por um lado e não se colocou sobre o chão da antiga religião. Recusou um crescimento conjunto com ela sobre seu fundamento e não sacrificou aos deuses antigos. Contudo está em sua tradição, pois não somos apenas católicos, mas católicos romanos. O papa traz o título de *Pon-*

---

[52] Cf. nota de rodapé 49, verbete Synkretismus.
[53] Cf. ibidem.

tifex maximus e determina o reconhecimento e legitimidade de cada liturgia. Existe até hoje a práxis do crescimento conjunto com outros, especialmente com a religião mais arcaica.

Não gostaria de fazer referência incondicional a Goethe, que colocou na boca de Mefisto que a Igreja tinha um estômago grande que conseguia suportar tudo. Meu exemplo é o trabalho dos missionários na Indonésia. Lá são veneradas divindades maternas em cavernas. Os missionários colocaram estátuas de Maria nas cavernas e assim promoveram conversões. Este sincretismo permite ao cristianismo nascer de novo, por assim dizer. Cresce junto com a religião arcaica e vive ao mesmo tempo a partir de suas fontes. E assim a reconhece verdadeiramente. Ela é a base de um cristianismo localizado na Ásia e na América Latina. A teologia desses continentes exige um respeito igual ao que a tradição europeia já possui há muito tempo por sua própria religiosidade.

O sincretismo é portanto em seu uso linguístico fundamentalmente um conceito positivo; Leonardo Boff volta-se contra uma limitação num sentido negativo. Ele escreve "Em favor do sincretismo: a produção da catolicidade do catolicismo".[54] Diz ali: "O catolicismo, como se mostrou historicamente até hoje, implica coragem para a encarnação, para a assunção de elementos heterogêneos e sua refundição dentro dos critérios de seu ethos católico específico. A catolicidade como sinônimo de universalidade só é possível e realizável sob a condição de

---

[54] Leonardo Boff, *Kirche, Charisma und Macht. Studien zu einer streitbaren Ekklesiologie.* Düsseldorf, 1985, 164.

não fugir ao sincretismo, mas antes, pelo contrário, de fazê-lo o processo da produção da própria catolicidade".[55]

Ponto de vista semelhante defende Hyun Kyung Chung, teóloga protestante da Coreia. Ela fala de um "survival-liberation centered syncretism", um "sincretismo centrado na sobrevivência e libertação", e esclarece: "Eu sou uma cristã que preza muito e honra a herança espiritual de meus antepassados, como parte interior de minha identidade. Só posso ser uma cristã sã e viva se respeitar as raízes espirituais de meus antepassados que estão encarnados em minha linguagem, cultura e no mais íntimo do meu ser. Se estiver cortada de minhas raízes espirituais múltiplas, perco minha identidade e talvez até toda a minha força".[56]

Nesta fusão não há mistura de religiões; diferenças são aproveitadas, transformadas e compatibilizadas entre si. "Todos somos filhos de Deus e todas as religiões são flores de diferentes matizes neste jardim maravilhoso e doloroso de Deus, chamado Terra".[57]

Justiça, paz, amor e sofrimento são integrados no interesse de Deus pela sobrevivência de sua criação. O diálogo entre as religiões é um diálogo de vida.

O sincretismo no linguajar de hoje tem portanto um significado descritivo e normativo. Ele descreve uma sim-

---

[55] *Ibidem.*

[56] Hyun Kyung Chung, Asian Christologies and People's Religions. In: *Voices from the Third World* (1996) 217. Cf. para a posição de Chung, Marion Haubner, *Han. Christologie im Werk von Chung Hyun Kyung.* Frankfurt, entre outros, 2004 (Würzburger Studien zur Fundamentaltheologie 31).

[57] *Ibidem.*

biose de vida em que crescem juntas a religião própria e uma religião alheia e assim formam uma nova grandeza histórica. Este processo é avaliado de modo diferente. O linguajar europeu dominante o vê negativamente: os elementos estranhos ofuscam a origem de uma religião e a alienam de si própria. A teologia europeia mais recente vê o processo de modo positivo: faz parte do acontecer primitivo de uma religião. É um princípio de encontro da identidade do cristianismo fora dele. O sincretismo fundamenta o cristianismo e lhe concede identidade religiosa na cultura de um mundo estranho.

Não se deve generalizar apressadamente a avaliação negativa, nem a positiva, pois há o sincretismo em um e em outro sentido. O magistério romano o considera negativamente e lhe contrapõe a exclusividade do cristianismo. Só Jesus é o salvador. Esta unicidade ninguém deve discuti-la. Mas como se comporta em relação ao evento religioso em si? Pode ser ela o fundamento para assumir o sincretismo em sentido positivo e creditá-lo conceitualmente à fé em Jesus?

2.2. O que dizem as pessoas do Filho do Homem? O problema do monismo de Cristo

Religião vivida é plural. Ela aponta fundamentalmente para um outro. Algo que não é ela mesma a desafiar e marca sua atitude. Isto assusta, fascina, torna as pessoas felizes. A este outro pertence também a outra religião. Por isso pode estar em união com ela e crescer junto com ela. Existe a semelhança familiar das religiões, um sincretismo da relação de vida.

O problema que ele tem de resolver é a singularidade, a unicidade e a inconfundibilidade, até mesmo a incompreensibilidade do outro, da outra religião e da própria religião. Seu específico é irrenunciável, se quiser ter valor próprio. Mas pode ela aguentar isso na união com um outro e pode submeter-se de algum modo a ele? Não significa o sincretismo a morte de sua singularidade, unicidade e incomparabilidade? Ele não as apaga? E não foi isto que aconteceu muitas vezes na história?

O cristianismo se defronta com esse problema de modo especial, pois ele se arroga o direito da exclusividade. Sua singularidade que o torna impermeável e único é Jesus Cristo. Ele é o "único mediador" entre Deus e a humanidade (1Tm 2,5). Não há outro nome pelo qual os homens e as mulheres podem ser salvos (At 4,12). Ele é o "Filho único do Pai" (Jo 1,14). Ninguém vem ao Pai senão por ele (Jo 14,6). Assim como todos morreram em uma pessoa, Adão, assim todos reviverão numa pessoa, em Cristo (1Cor 15,22).

O que nele se realizou, aconteceu "uma vez por todas", *ephapax* (Hb 9,12). Distingue-se fundamentalmente de Buda ou Maomé, pois poderia haver um budismo sem Buda e um islã sem Maomé. Buda e Maomé são instâncias de origem, mas não objeto de sua religião. Os muçulmanos não se chamam de maometanos. As quatro nobres verdades, mas não o Buda histórico, são o cerne do budismo. Mas o cristianismo não pode decididamente existir sem Cristo. Ele não é apenas o ponto de partida, mas o conteúdo do cristianismo. Ele é o caminho, a verdade e a vida, que são prometidos no cristianismo e são mencionados em suas profissões de fé.

A posição de Jesus no cristianismo é única. É motivo de escândalo entre as religiões, porque significa exclusividade entre elas. Mas ela também provoca um discernimento dos espíritos, pois exige um absoluto para pensar que não é nenhuma absolutização. O cristianismo está diante desse problema. O que significa unicidade no caso de Jesus? É algo impermutável que compete a todas as pessoas e inclusive as fortalece nisso? Ou exclui disso todos os outros? No primeiro caso, a unicidade de Jesus seria absoluta, isto é, determinada por ele mesmo: ele tem, a partir de si, uma relação com todos os outros. No segundo caso, seria uma absolutização, isto é, determinada por outros, que o torna algo único. Afirmam algo dele que ele mesmo talvez não seja – a unicidade pode ser aleatória e exemplar.

Ninguém vai negar que na abordagem da teologia pluralista das religiões troca-se constantemente absoluto e absolutização, seja que se entenda por unicidade exclusividade e se identifique ambas,[58] seja que se tome como opostos singularidade e pluralidade, para compreender o único em sua unicidade.[59]

A cristologia luta com o problema da troca do absoluto com algo absolutizado, bem como com aquele da falsa oposição de um e muitos; pois existe a concepção monista de Cristo. Ela absolutiza afirmações sobre Jesus e nega que Jesus mesmo, o histórico, seja distinto dessas afirmações e ele mesmo as corrija. A concepção monista de Cristo é o Cristomonismo.

---

[58] Cf. Paul Knitter, *Ein Gott – viele Religionen. Gegen den Absolutheitsanspruch des Christentums*. München, 1988, 119.
[59] Isto acontece quando o exclusivismo não pode ser pensado de modo singular, nem a pluralidade exclusivamente.

A própria Bíblia luta contra o Cristomonismo, pois Jesus explica: nem todo aquele que lhe dá títulos e sempre o chama "Senhor, Senhor", entrará no reino dos céus, mas aquele que fizer a vontade de Deus (Mt 7,21). Daí sua pergunta sobre o Filho do Homem (Mt 16,13). Quem as pessoas dizem que ele é? Os discípulos responderam: alguns dizem que é este, e outros que é aquele. Mas quando lhes perguntou: "E vós, quem dizeis que eu sou?", respondeu Pedro: "Tu és o Cristo, o Filho de Deus". Mas em vez de alegrar-se com isso, Jesus ficou aborrecido. Pediu que se calassem e não revelassem a ninguém que ele era o "Cristo". Explicou-lhes então quem era o Filho do Homem. É um homem entre os homens, um homem que anda o caminho dos homens. Ele será entregue, torturado e morto, mas ressuscitará ao terceiro dia (Mc 10,33s.). Quando Pedro quis dissuadir Jesus de fazer este caminho, Jesus o chamou de satanás. O caminho do homem, ou seja, como Jesus o descreve, é o caminho de Deus. Pedro não gostaria de trilhá-lo. Contudo o Filho do Homem fez este caminho. Ele é um entre muitos seres humanos e faz parte deles. Ele tem irmãos e irmãs e tem uma mãe. Ele é uma figura relacional e plural. Ele é um entre muitos. Ele representa os seres humanos e eles o representam. Ele pode cobrar o humano dos seres humanos e por sua vez representá-los. Quem confessa Jesus diante dos homens, o Filho do Homem também o confessará diante de Deus (Mt 25,31s.). Espera-o solidariedade. O mesmo vale para o juízo final. O que alguém tiver feito ao menor de seus irmãos e irmãs, foi a ele que o fez. O Filho do Homem julga as pessoas segundo sua relação com as outras pessoas. Quem as visita na prisão, é a ele que visita. A humanidade do ser humano é sua medida para o ser humano. O Filho do Homem não veio para ser servido, mas para servir e dar sua vida como resgate por todos. Este preço tem de ser pago por eles para que se tornem humanos. Ele é o salvador.

Com base nesta cristologia pode-se explicar a unicidade de Jesus. Ela consiste na relação desse homem com todos os demais seres humanos. Ele não tira a unicidade deles, mas a salienta. O ser pessoa humana é essencialmente um tema central da religião como religião. Às vezes é entendido de modo diferente e recebe uma valorização diferente. Mas ele pode caracterizar ao mesmo tempo a especificidade e o significado genérico do cristianismo. É irrenunciável no debate sobre a existência humana hoje. O ser pessoa humana é o critério do cristão em sua postura diante das outras religiões. Gostaria de esclarecer melhor esta tese no próximo inciso sob um ponto de vista filosófico.

2.3. Jesus – o único entre únicos
Particularidade em seu significado universal

No sincretismo desaparecem as diferenças entre as religiões. Ele harmoniza opostos. Sobressai o comunitário. O impermutável vai para o plano de fundo. O específico abre-se no geral.

O exclusivismo de uma pura doutrina se opõe a comunidades. Ele enfatiza o próprio e aguça os opostos. Faz com que o idêntico apareça postergado. O genérico afunda no especial.

O cristianismo existe graças à unicidade de Jesus. Não pode sacrificar a incomparabilidade de sua pessoa no altar de uma equiparação com Buda ou Maomé. Eles são diferentes e desempenham papel diferente. Não são medianeiros nem salvadores. O cristianismo não pode apresentar o sacrifício (da equiparação). Mas será ele exigido?

A questão de como relacionar Jesus corretamente com as outras religiões, sem que as delimitemos através da absolutização, é um problema teológico. Mas ela também enfrenta uma aporia filosófica que, sob este ponto de vista, soa assim: como se comportam entre si o um e o múltiplo, o todo e a parte? O múltiplo é uma parte subordinada de um todo e a realização exemplar dele? A tradição platônica e o pensar pluralista da filosofia atual se opõem mutuamente nesta questão.

No platonismo, a multiplicidade é determinada pela unidade, o particular pelo universal. A parte está subordinada ao todo e ligada a este. O uno é o bem, o múltiplo porém é mau; este gera a desordem e o caos. Mas no pensar pluralista da atualidade as relações ficam invertidas. O múltiplo vem antes do uno, o particular antes do universal, a parte antes do todo. O próprio singular encarna muitas coisas e o múltiplo pode ser um singular. Ele é o fundamento de qualquer unidade. Uma célebre frase de Alfred North Whitehead soa: "The many become one, and are increased by one".[60] Em português: "Os muitos tornam-se um e são aumentados pelo um". Não posso iniciar aqui um discurso filosófico nem pretendo levá-lo adiante. Mas a questão do sincretismo e da unicidade de Jesus coloca-se com base no

---

[60] Alfred North Whitehead, *Process and Reality. An Essay in Cosmology* (1929). Edição corrigida. Editada por David R. Griffin, Donald W. Sherburne. New York, 1978, 21.

pensamento pluralista. O múltiplo está antes do uno e o produz. Portanto, este só pode ser pensado como composto. É um filho do sincretismo. A unidade do múltiplo é determinada por seus múltiplos elementos. O singular pode ser exemplar para todos os outros. Ele tem significado geral e também universal, mas não no sentido de que subordine a si os outros, mas, ao contrário, que os enfatize em sua singularidade.[61] Baseado nesse projeto de realidade, o sincretismo perde seu caráter assustador. Ele pode sempre ainda ter êxito ou fracassar, mas existe para o todo. A unicidade de Jesus não é sacrificada no altar da ideia platônica da generalização. Ela é imutável, mas não entra em concorrência com a unicidade de quem quer que seja. Ela a pressupõe e é exemplar para ela. E assim a própria generalidade recebe um caráter de singular. Ela se torna tema diferente nos diversos lugares da vida religiosa.

Esta diversidade cria interesse especial para o diálogo de lugar para lugar. Torna pensável a concordância e lhe dá ao mesmo tempo um peso específico. A generalidade torna-se assim concreta e vira tema para além dos conteúdos bem diferentes de qualquer religião.

O cristianismo não deve esconder a unicidade de Jesus, mas colocá-la no centro dos diálogos. Com isso não nega a unicidade de pessoas importantes de outras religiões. Ao contrário, ele a enfatiza. Mas não é a mesma unicidade, o que seria uma contradição, mas uma outra, como existe em outra pessoa ou religião e que realmente pode ser verificada.

---

[61] Cf. para esta tese Elmar Klinger, Christliche Identität im Pluralismus der Religionen. In: Idem (ed.), *Gott im Spiegel der Weltreligionen*. Regensburg, 1997, 111-124.

Numa comunidade de religiões, cada qual traz sua própria contribuição. Cada uma tem seus próprios valores, vantagens e desvantagens. Uma contribuição própria do cristianismo é a cristologia: o Filho do Homem é pessoa humana entre as pessoas humanas. Ele humaniza as pessoas e sua religião.

2.4. Há necessidade de uma teologia do sincretismo? A questão da catolicidade

Quem se ocupa com a religião alheia vai defrontar-se com a pergunta sobre sua própria religião. A gente percebe. A alheia tira de muitas fontes e tem muitas raízes num passado totalmente diferente. É uma formação plural. Mas a gente aprende também a entender a própria a partir de uma perspectiva alheia. Também ela não é um bloco monolítico. Não existe apenas uma, mas muitas cristologias. Suas raízes estão em tradições bem diversas. Existe a tradição paulina e a tradição sinótica. Mas são compatíveis. Cresceram tão juntas que se pode recorrer de uma a outra, e ambas pertencem à mesma fé em Cristo. O próprio Cristo encarna uma pluralidade. Quem a nega vai contra a verdadeira doutrina e nega o próprio Cristo.

Mas com isso assume nova dimensão a questão do sincretismo. Ele é um dado sociológico-religioso e um fato dogmático. Não se refere apenas à fé alheia, mas à própria tradição. Ambas são concebidas de modo plural. Elas trabalham as diferenças com outras regras. Mas as diferenças são essenciais para ambas. Não é preciso ter vergonha delas, nem escondê-las de ninguém. São os pressupostos de todo encontro e princípio de crescimento conjunto. Se não houvesse na própria tradição nenhuma diferença, faltaria a completa possibilidade de entender o outro. A gente ficaria preso em si mesmo e não teria experiência nenhuma com o múltiplo. Mas este deve constituir a base de toda e qualquer teologia futura. É o fundamento necessário de uma teologia do sincretismo – se ela quiser afirmar-se na pluralidade.

Sua orientação unilateral e caracterização pejorativa são por isso lamentadas com razão. Na Ásia, refere-se isso à situação religiosa e se considera que o cristianismo na Europa não pode ser compreendido. Vê-se nele a mistura de diferenças e opostos, não a tarefa diante da qual está colocado.

Hyun Kyung Chung lamenta esta unilateralidade e chega à conclusão: "O cristianismo ocidental é claramente sincretista, porque está marcado pelo dualismo grego, pela filosofia grega, pelo cristianismo constantiniano, pelo patriarcado e mais recentemente também pelo capitalismo. Por isso eu não concordo quando se diz que a mistura de cultura e religião no Ocidente é ortodoxa, mas que deve ser chamada de sincretismo na Ásia, América Latina e África. Isto eu simplesmente não aceito. Digno de nota é que só os europeus falam de sincretismo [...]. Em todas essas questões trata-se de quem tem o poder da definição [...]. Mas agora já é tempo de toda comunidade cristã definir o evangelho vivo em seu próprio contexto".[62]

Para realizar esta tarefa há necessidade de teologia, e precisamente de uma teologia do crescimento conjunto das

---

[62] Hyun Kyung Chung, *Schamanin im Bauch – Christin im Kopf. Frauen Asiens im Aufbruch*. Stuttgart, 1992, 34s.

religiões para o qual se pode empregar apropriadamente o termo sincretismo. A autora acima mencionada o emprega neste sentido. Ela entende "que cada teologia deve ser expressa na linguagem do lugar e/ou traduzida para os símbolos e metáforas das pessoas".[63] O Ocidente tem menos problema com a relação de religião e cultura, porque sua cultura já está cristianizada há muito tempo e que, portanto, não precisa fazer a distinção entre as duas.

Mas com referência a si própria, diz a autora: "Minha vida mais íntima é xamanista, meu coração é budista, o lado direito de meu cérebro, que caracteriza minha disposição psicológica, é confucionista e taoísta, o lado esquerdo de meu cérebro, que condiciona minha linguagem, é cristão-protestante e, além disso, minha aura é ecofeminista. [...] Como coreana, vivo numa tradição xamanista de 5.000 anos, numa tradição taoísta-confucionista de 2.000 anos, numa tradição budista de 2.000 anos, numa tradição protestante de 100 anos e numa tradição ecofeminista de 20 anos. Minha pessoa é como um panteão religioso. Vivo numa comunidade de deuses, num ambiente de divindades e numa família de religiões. Por isso preciso de muitos anos de exploração arqueológica de meu si-mesmo e minha pessoa e em minha comunidade".[64]

Não cabe comentar aqui em detalhes este ponto de vista da autora. Mas ela confronta o cristianismo de maneira nova com o sincretismo. Considera-o de modo diferenciado e pessoal. A

---

[63] *Ibidem*, 34.
[64] Idem, Seeking the Roots of Pluralism. In: *Journal of Ecumenical Studies* 34 (1997), 400s.

vida religiosa da autora está marcada e influenciada por várias tradições que não querem ser aceitas de maneira igual, pois se tornariam um peso; mas também não querem ser misturadas, pois assim se perderiam e iriam a fundo. Querem, porém, que se lhes faça justiça segundo seu próprio modo de levar e valorizar a vida.

O cristianismo se defronta hoje de maneira nova com o problema do sincretismo. Se perguntamos quem o colocou diante desse problema, a resposta é a globalização do mundo moderno. Pois cada uma das religiões encontra-se com todas as outras em seu meio ambiente. Elas se encontram na família, em cada cidade, em cada país, em cada continente. As crianças crescem no sincretismo da vida comunitária de hoje e querem saber como comportar-se diante dele.

O antigo Secretário-geral do Conselho Mundial de Igrejas, Willem A. Visser't Hooft vê nessa situação a grande tentação do século. Ele toma a expressão de Tertuliano sobre a *anima naturaliter christiana* e afirma que ela é uma *anima naturaliter syncretista*.[65] Gustave Thils quer uma teologia profética e apresenta a questão: sincretismo ou catolicidade?[66]

A resposta não está no ou/ou, mas exige um posicionamento adequado diante do que une os dois, ou seja, particularidade, individualidade, pluralidade e por isso personalidade.

O cristianismo é desafiado no sincretismo, não só pelas outras religiões que querem venerá-lo em seu panteão, mas

---

[65] Cf. Willem A. Visser't Hooft, *Kein anderer Name. Synkretismus oder christlicher Universalismus?* Basel, 1965.

[66] Cf. Gustave Thils, *Syncrétisme ou catholicité?* Paris, 1967.

sobretudo pelo próprio Cristo. Pois sua unicidade exige uma consciência da pluralidade que é a pedra fundamental de uma nova união de pessoas e religiões. Coloca a Igreja diante da tarefa de tornar-se tudo em todos e realizar algo que ela já realizou uma vez no início de seu caminho. Paulo escreve: "Não há mais judeus nem gregos, mas todos são um em Cristo". A Igreja tomou consciência desse problema, pois ela consentiu que se desse a Jesus um título grego – *soter*, salvador – e que se caracterizasse de maneira veterotestamentária a comunidade grega em Corinto. Paulo chamou-a de Igreja de Deus em Corinto.

O sincretismo coloca a teologia diante de um desafio linguístico. Ela não deve juntar às cegas a pluralidade que ele encarna, mas tratá-la de modo diferenciado. Para isso há necessidade de uma teologia com fundamento plural – uma teologia do sincretismo. Sem ela, a inculturação do cristianismo na Ásia e na África continuará sendo obra inacabada.

3. Jesus
– o Filho do Homem

Existe feminismo na Cristologia?

Qual a razão deste tema? Algumas pessoas se admiram. O medo de que possa dar origem a danos tem fundamento. Ouve-se de colegas que eles não aconselham seus alunos a ocupar-se com o tema feminismo, pois não seria cortês e nem benéfico para a carreira.

Via de regra, portanto, os homens não se ocupam do tema. É assunto de mulheres. Os sacerdotes são homens e as mulheres não são admitidas a esta função. As mulheres são também exceção entre os professores de teologia, uma exceção bem rara. Além do mais, não figuram nos tratados de teologia. Ali são no mínimo um tema invulgar, mas na maior parte das vezes não são tema. Isto vale inclusive para a Mariologia. Ela trata de uma pessoa feminina, mas não das mulheres.

O feminismo não é, portanto, um tema evidente para alguém como eu. O fato de eu não evitá-lo e de admitir que é um tema importante tem seus fundamentos.[67] Encontram-se em primeiro lugar nas estudantes de Teologia, pois ninguém vai estudar uma matéria que não possa defender em seus traços básicos, ou ao menos em algumas de suas teses. Todos os estudiosos são um lugar da Teologia, estudantes masculinos ou femininos também. São portadores e portadoras de afirmações pelas quais se responsabilizam e que defendem. Assim entra em jogo o perspectivismo e com ele a questão se existe uma perspectiva feminina da Teologia: Podem as mulheres falar de Deus e de Cristo sem ter de negar seu ser-mulher ou, num passo mais além, poder revelar novos aspectos e aprofundar o assunto? Esta questão é o desafio do feminismo. É colocada a ele e muitas vezes respondida negativamente. O título do livro de Mary Daly, *Jenseits von Gott Vater, Sohn und Co.*,[68] é uma referência jocosa sobre o assunto; a Trindade como clube de homens por causa de seus nomes próprios masculinos. Qualquer que seja o posicionamento de alguém diante dessa polêmica, o problema de perspectiva deve ser levado a sério. Isto tornou possível o surgimento de uma dissertação para o magistério em Würzburg com o tema: "Einführung in die feministische Literatur". A associação alemã de pesquisa apoia este ponto central, concedendo a autorização para um curso de graduação com o

---

[67] Cf. Elmar Klinger, *Christologie im Feminismus. Eine Herausforderung der Tradition.* Regensburg, 2001; idem, *Begegnungen im Advent. Die Geburt eines neuen Menschen.* Würzburg, 1997; idem, "Du bist gebenedeit unter den Frauen". Maria – eine Herausforderung für die Spiritualität der Männer. In: *Meditation.* Zeitschrift für christliche und Lebensgestaltung. Themenheft Männerspiritualität-Frauenspiritualität 28 (2002) 3, 11-16.

[68] Cf. Mary Daly, *Jenseits von Gott Vater, Sohn und Co.* München, [4]1986.

tema "Wahrnehmung der Geschlechterdifferenz in religiösen Symbolsystemen".[69] Uma segunda razão para a tomada imprescindível de consciência do feminismo são as fontes da Teologia. Elas transformam a questão do gênero em tema e têm elas mesmas uma perspectiva feminina. A "Bíblia das Mulheres" pertence a essas fontes. A chamada incompreensão dos discípulos na tradição evangélica faz com que a diferença sexual se transforme num ponto da revelação. Os escritos joânicos são uma rica fonte disso.

A Teologia Fundamental é o terceiro e decisivo fundamento de uma tomada de conhecimento do feminismo, pois ela deve fornecer a prova de que a Teologia está ancorada na vida e na doutrina e que através delas pode ser fundamentada. Por isso ela não existe sem a apologética. Os ataques do feminismo ao cristianismo, Igreja e Teologia são uma razão importante para a gente se ocupar com ele. Suas defensoras travam um debate existencial com temas religiosos. Ensaiam muitas vezes uma crítica de agitação, mas sempre importante, que possibilita novos

---

[69] Cf. para isso as contribuições em: Elmar Klinger, Stephanie Böhm, Theodor Seidl (ed.), *Der Körper und die Religion. Das Problem der Konstruktion von Geschlechterrollen.* Würzburg, 2000; idem, Stephanie Böhm, Thomas Franz (ed.), *Paare in antiken religiösen Texten und Bildern. Symbole für Geschlechtrollen damals und heute.* Würzburg, 2002; idem (ed.), *Die zwei Geschlechter und der eine Gott.* Würzburg, 2002; idem (ed.), *Geschlechterdifferenz, Ritual und Religion.* Würzburg, 2003; idem (ed.), *Haushalt, Hauskult, Hauskirche. Zur Arbeitsteilung der Geschlechter in Wirtschaft und Religion.* Würzburg, 2004; Elmar Klinger, Geschlechterdifferenz im Zeichen der Religion. Ein Erfahrungsbericht zur Arbeit im Graduirtenkolleg. In: Bernhard Heininger (ed.), *Geschlechterdifferenz in religiösen Symbolsystemen.* Münster, 2003, 11-14.

pontos de vista. Estes têm que ser levados a sério. Merecem uma resposta cristã.

Ponto central dos ataques é a Cristologia. Diz Mary Daly: "Se Deus é masculino, então o masculino tem de ser Deus!"[70] Rosemary Radford faz esta pergunta: "Pode um salvador masculino salvar mulheres?"[71] Johanna Kohn diz da Cristologia que ela "se define a partir de suas próprias raízes judaicas em detrimento do judaísmo".[72] É preciso levar em conta esse desafio. Evidentemente ninguém exige a renegação do sexo que lhe é próprio. Por isso o tema é tratado a partir "de uma perspectiva masculina"; mas sou da opinião de que não se deve passar por alto nem só valorizar regionalmente as perspectivas femininas. Elas têm importância universal. Atingem homens e mulheres. Têm algo a dizer a todas as pessoas e por isso é especialmente importante para a Cristologia. No próximo inciso tentarei analisar Jesus e o diálogo das religiões a partir dessa perspectiva.

3.1. A crítica ao patriarcado nos evangelhos

O sexo é um dado biológico, pois as pessoas têm um corpo: são homem ou mulher. Isto é um fato indiscutível. Pertence aos dados fundamentais de vida de cada um. Mas as pessoas não são apenas corpo, também possuem espírito. São seres histó-

---

[70] Mary Daly, *op. cit.*, 33.

[71] Rosemary Radford Ruether, *Sexismus und die Rede von Gott. Schritte zu einer anderen Theologie*. Gütersloh, 1985, 73.

[72] Johanna Kohn, *Haschoah. Christlich-jüdische Verständigung nach Auschwitz*. München/Mainz, 1986, 73.

cos. Devem não só aceitar passivamente a situação em que se encontram, mas precisam atuar dentro dela e podem mudá-la. São parte da natureza, mas têm uma existência histórica. Por isso precisam comportar-se dentro de sua própria sexualidade. Desenvolvem uma cultura do relacionamento com o outro sexo. O homem e a mulher não são sempre eles mesmos, mas são transformados neles mesmos por situações culturais. O patriarcado é uma situação cultural no comportamento dos sexos. Ele fixa os papéis que possuem na sociedade da respectiva época. Indica também quem são os homens e as mulheres, quem eles não são, o que devem fazer e o que não devem fazer, o que lhes é recomendado e o que lhes é proibido. É a determinação da construção dos papéis sexuais em nossa sociedade.

Uma mulher que se ocupou de maneira determinante dessa estrutura comportamental do homem e da mulher foi Simone de Beauvoir. Seu livro *O segundo sexo* (em alemão, *Das andere Geschlecht. Sitte und Sexes der Frau*)[73] é uma obra clássica da formação teórica feminista. Ela se insurge contra a identificação do ser-pessoa com o ser-homem; pois nas culturas das quais podemos ter um panorama hoje, o ser-pessoa jamais é determinado pelo ser-mulher, mas em toda parte o ser-mulher é determinado por um ser-homem, que já recebeu nas diversas línguas sua equiparação com o ser-pessoa. As mulheres não são exemplares para o ser-pessoa nem para a humanidade do ser humano. São uma parte separada dele. Quem realiza o ser-ho-

---

[73] Simone de Beauvoir, *Das andere Geschlecht. Sitte und Sexus der Frau* (Paris 1949). Hamburgo, 1995. Cf. para isso Elmar Klinger, Simone de Beauvoir und das katholische Frauenbild. In: idem, Stephanie Böhm, Theodor Seidl (ed.), *Der Körper und die Religion*, op. cit., 205-222.

mem torna-se pessoa. Quem realiza o ser-mulher não se torna mais pessoa, mas um outro do homem. Ela é por isso um segundo e deficitário sexo.

A construção do papel do homem e da mulher na sociedade, com base nessa desigualdade, chama-se patriarcado e tem três características: é sexista, separatista e dualista. Privilegia os homens e menospreza as mulheres devido a seu sexo – daí o sexismo. Atribui às mulheres uma importância regional na família, mas nega-lhes um papel mais amplo na sociedade. Delimita suas atividades e é assim um separatismo. Finalmente trabalha como ideal a oposição de corpo e espírito. As mulheres são para o corporal, os homens para a intelectualidade e o espírito, portanto é dualismo.

A crítica ao patriarcado visa a essas características. O feminismo gerado por essa críticas não conseguirá nenhuma inversão da desigualdade e nem substituir a desvantagem das mulheres dando-lhes a primazia. Não se trata de um patriarcado ao inverso. É bem mais característico do feminismo a luta pela igualdade dos sexos, total amplitude dos papéis que desempenham na sociedade, bem como a corporalidade do espírito, sua unidade no ser humano vivo.

Não posso discutir aqui em detalhes esta crítica ao patriarcado. O tema com que devo ocupar-me são os evangelhos. Trata-se de perguntar se eles justificam o patriarcado ou se possuem uma perspectiva feminina. Permitem eles ou ensaiam uma crítica ao patriarcado?

Também não posso fazer aqui um discurso genérico sobre essas alternativas. Segundo minha opinião, também não adiantaria nada. Simone de Beauvoir e mulheres que se colocam em sua linha de pensamento levantam a censura de que o cristianismo em geral e os Evangelhos em particular são patriarcais. Eles privilegiam os homens, menosprezam as mulheres e legitimam religiosamente o menosprezo.

Esta acusação genérica parece-me insustentável. Limito-me nesta questão a exemplos isolados que a contradizem e ao menos indicam a impossibilidade da generalização e da pretensão universal que deseja comprovar.

A perspectiva feminina aparece nos evangelhos onde é descrito o ser-pessoa em geral que não é idêntico, como entre os gregos, ao ser-homem. Ser-pessoa significa antes "ser nascido de uma mulher". Exemplo disto encontramos em Mt 11,11: "Dentre os nascidos de mulher, ninguém é maior do que João Batista". Isto significa: entre as pessoas humanas, ninguém é maior do que ele.

As histórias da infância têm este ponto de vista e são uma oposição ao patriarcado. Jesus é o filho da mulher, não do homem. A sucessão por geração é interrompida na concepção, até mesmo eliminada.

Paulo fala do mesmo modo da encarnação: "Quando chegou a plenitude dos tempos, Deus enviou seu Filho, nascido de uma mulher" (Gl 4,4). O prólogo de João fala daqueles "que não nasceram da vontade do homem, mas de Deus". O evangelho destaca o testemunho de Cristo dado pelas mulheres. A incompreensão dos discípulos constitui aqui um contraste impressionante. Também se verifica nos relatos da ressurreição. As mulheres são portadoras dessa notícia, mas não aceita pelos discípulos. A informação delas é posta em dúvida. Não existe só um tipo, mas dois, da boa-nova da ressurreição, isto é, o relato da ressurreição e o relato do sepulcro vazio. A ordem sexual desse relato é notória. O relato do sepulcro vazio é uma história das mulheres, uma teologia da ressurreição a partir da perspectiva delas.

A crítica patriarcal do feminismo tem, por conseguinte, significado cristológico. Não pode apenas referir-se à Bíblia, mas também é feita nos relatos bíblicos. Os sexos são para eles um tema da Cristologia. Testemunhar Jesus não é unidimensional e monolítico. É polar. O testemunho é dado por homens e mulheres sob perspectivas diferentes. Jesus é o Filho de Deus e o filho da mulher. O testemunho visa a uma pessoa, mas há nele também uma genuína pluralidade. A Cristologia pode abordá-lo sob uma perspectiva totalmente diversa. Existe uma cristologia do Filho e uma cristologia do Espírito, que não podem ser separadas, mas que se referem uma à outra desde o princípio. O Espírito é a unidade desse diverso. É aquilo que constitui o diverso em sua unidade. Deve-se acentuar o diverso em sua unidade – e assim a pluralidade – pois só através dela e nela torna-se manifesto o poder da unidade.

A pluralidade e a relacionalidade pertencem à diferença dos sexos. Uma Cristologia que a elas se refere e com elas trabalha fez das relações um de seus temas: a relação de Deus com o ser humano, do ser humano com outro ser humano, do ser humano consigo mesmo e com todos em geral. Supera todo e qualquer fanatismo e faz a pessoa tornar-se mais humana. Está no começo de uma nova humanidade. A pergunta pelo ser-pessoa do ser humano é portanto essencial. É colocada pelo próprio Jesus.

3.2. O ser-homem de Jesus.
Um detalhe natural na perspectiva cristológica

A diferença dos sexos é um tema dos evangelhos, pois homens e mulheres fazem afirmações sobre Jesus a partir de sua perspectiva diferente. O testemunho das mulheres encontra a incompreensão dos homens. O testemunho dos homens é muitas vezes só retórico, mas pelas mulheres é vivido realmente. A Cristologia trata das afirmações sobre Jesus. É a doutrina de que ele é o Cristo, o Filho de Deus, o Senhor, a Segunda Pessoa da Trindade. Existe uma perspectiva sexual nessas afirmações. A diferença sexual torna-se portanto tema da Cristologia.

O patriarcado contém uma construção dos papéis dos sexos. Aborda de maneira estrutural a relação de homem e mulher. Determina o status que eles possuem na sociedade. Faz uma classificação dos papéis sexuais e a fixa por meio de regras, convenções e argumentações. Marcos característicos dessa construção são o favorecimento e o menosprezo, direito global e limitação regional, bem como a oposição de corpo e espírito.

O feminismo submete a Cristologia à crítica do patriarcado: Quem é Jesus para as mulheres? Ele reforça a desigualdade na distribuição de papéis ou ele a suprime? Pode-se entender polemicamente a crítica. Neste caso seria uma agressão e consistiria na rejeição daquilo que é agredido. A crítica à Cristologia como patriarcal significaria então rejeição da Cristologia, porque deveríamos afirmar que ela é patriarcal. Mas é possível também entender objetivamente a crítica. Neste caso é a capacidade de perceber algo em uma questão e distingui-lo de outra coisa que não foi percebida. Daí a pergunta: O patriacado, em sua distribuição dos papéis, recebe uma confirmação ou uma refutação por parte da Cristologia?

A suspeita de que poderia confirmá-lo está muito difundida. Não surge por acaso. Tem causas que estão na própria diferença sexual, pois ela existe também nos evangelhos, mas se fez dela uma vítima da própria interpretação patriarcal. Um exemplo disso é o episódio do sepulcro vazio. Bultmann o chamou de mito da fé na ressurreição, porque Paulo nem o conhecia.

Outra causa da suspeita de que a Cristologia pudesse confirmar o patriarcado está no *a priori* grego da equiparação de ser humano e homem. Isto foi assumido sem crítica alguma por Agostinho, Tomás de Aquino e até hoje em muitas afirmações. Segundo este *a priori*, as mulheres são seres humanos incompletos, porque não são homens. Daí a suspeição de que a encarnação de Deus deveria ser um tornar-se homem, Cristo, portanto, um super-homem, a cabeça de um patriarcado eterno.

A causa mais importante da suspeita em que ela experimenta uma verdadeira confirmação é o Cristomonismo. Mary Daly chama-o de Cristolatria. Entende-se por isso uma absolutização da pessoa de Jesus que exclui qualquer pluralismo no trato com Deus.

Há muitas e outras causas aqui não mencionadas da suspeita de que a Cristologia é para as mulheres um problema insuperável, que a perspectiva feminina não teria nele lugar algum, que não poderia ser combinado com o feminismo.

O ser-homem de Jesus e sua importância para a profissão de fé em sua pessoa não é habitualmente nenhum tema da Cristologia. Ninguém – nem mesmo os mais conhecidos autores, seja Wolfhart Pannenberg, Walter Kasper, Karl Rahner – tratou desse tema. Devo admitir que eu mesmo tive, na primeira leitura, a impressão de que a formulação da frase em si já fosse um ato hostil contra os homens. Mas numa análise maia acurada, percebi que era bem mais ampla. Atinge o centro do debate hodierno. Gostaria de citar aqui uma frase de um artigo sobre a posição da Cristologia, que aparece em *Herderkorrespondenz* e que descreve sua situação atual de modo bem elucidativo. Caracteriza a situação e diz: "o debate sobre o ser humano é o centro nervoso da Cristologia de hoje".[74] O autor trata o feminismo num sentido incidental e apenas derivado. Mas quem pode negar seriamente que a questão homem- -mulher está no centro do debate sobre o ser humano e assim atinge efetivamente a Cristologia? Pois Jesus é não só homem, mas ser humano. O ser humano não é só um, mas dois.[75] Por isso coloca-se a pergunta sobre como Jesus se posiciona diante de seu ser-homem: faz dele um parâmetro ou o submete a um parâmetro que vale para ele?

A pergunta refere-se a um detalhe natural, pois o ser-homem de Jesus não é outra coisa. Mas ganha importância histórica e se refere à Cristologia, pois ela está diante da questão se podemos fazer desse detalhe o critério supremo da afirmação de sua pessoa. Os detalhes não são supérfluos ou algo apenas acessório. Têm peso, mas não são tudo. As afirmações a respeito de Jesus devem ser medidas no próprio Jesus. Existe uma tradição do Jesus histórico na Cristologia, isto é, os evange-

---

[74] Cf. Georg Essen, Bibelferne Spekulationen? Zu den gegenwärtigen christologischen Auseinandersetzungen. In: *Herderkorrespondenz* 8 (2001), 390.
[75] Cf. para esta tese o grupo de filósofas de Verona: Diotima, *Der Mensch ist zwei. Das Denken der Geschlechterdifferenz.* Wien, ²1993.

lhos. Para eles a relação com Deus, com as outras pessoas, mas também consigo mesmo é tema central. Gostaria de salientar três estados de coisas.

Primeiro: Jesus não se anunciou a si mesmo, mas o Reino de Deus. Isto engloba igualmente homens e mulheres. O ser humano não é feito para o sábado, mas o sábado para o ser humano. O primeiro e segundo mandamentos – amar a Deus e ao próximo – são semelhantes. A natureza do Reino de Deus é o amor. No centro da vida de Jesus não está sua pessoa, mas o próprio Deus. Talvez seja ainda mais importante salientar: os conteúdos do Magnificat de Maria, do Sermão da Montanha e da mensagem do Reino de Deus, pregada por Jesus, são iguais.

Segundo: Jesus se deixa medir a si mesmo nesse conteúdo. Ele não quer curar a filha da sirofenícia, mas muda de atitude e se deixa corrigir por ela. É persuadido por sua observação de que não só os filhos que estão à mesa precisam de algo para viver, mas também os cachorros debaixo da mesa. Ela vira contra o próprio Jesus o ponto de vista que ele defende. Chama-o de Senhor, pois ele é aquele que realiza nela a vontade de Deus.

Terceiro: O parâmetro da Cristologia é a doutrina de Jesus sobre o Reino de Deus. Àquela deve bastar esta, no entanto muitas vezes não lhe corresponde. Por isso a crítica de Jesus: Não é aquele que me diz Senhor, Senhor – isto é, que coloca a profissão de fé em sua pessoa no centro –, que entra no Reino do céu, mas aquele que faz a vontade de seu Pai. Só ele corresponde à sua pessoa. Jesus proíbe até que os discípulos o chamem de Cristo, pois querem demovê-lo de algo que faz parte do ser-pessoa, isto é, da morte e da confiança no Deus que ele pregou. Existem, pois, cristologias que erram a causa de Jesus, causa essa que é sua razão de existir.

O feminismo tem sobretudo em mira essas cristologias. Elas não só absolutizam a pessoa de Jesus, mas também um detalhe natural que lhe é próprio – o ser-homem. Elas esquecem o humano dessa pessoa, ou seja, tudo aquilo que ultrapassa o ser-homem: sua procedência de uma mulher, seu futuro entre as outras pessoas e finalmente a relação com o próprio Deus. Existem no ensinamento de Jesus sobre o Reino de Deus as peculiaridades, mas não a primazia de um sexo. O comportamento feminino é, ao contrário, exemplar para sua situação concreta como, por exemplo, na parábola em que a mulher perde sua moeda, procura pela casa toda e por fim a encontra. O Reino de Deus é a essência da sabedora de Deus: Jesus a vive e encarna no mundo. Ele é o portador de seu espírito.

O feminismo está assim no campo principal de uma cristologia que luta pelo ser humano. Continuo perguntando: É possível compreender também cristologicamente este aspecto especial da Cristologia – a luta pelo ser humano? Há um título de soberania de Jesus que satisfaz especialmente seu desejo – o ser-pessoa do ser humano. Minha resposta é: este título existe. É o título de Filho do Homem.

3.3. O Filho do Homem
– a correção do Cristomonismo

A diferença dos sexos é sentida na linguagem. O feminismo trava uma discussão vigorosa e às vezes jocosa com o patriarcado no plano de terninologias e símbolos. Exemplo disso é o livro de Luise F. Pusch, *Das Deutsche als Männersprache*.[76] Nele é citado Helmut Kohl com a frase: "Quem diz sim à família, deve também dizer sim à mulher". Ou uma história italiana: "A criança pergunta à professora: Como se faz para ter a forma feminina? Ela responde: Partindo do masculino: é simplesmente substituir a terminação *o* por *a*. Bambino torna-se bambina. A criança: Professora, e como se faz para ter a forma masculina? A resposta da professora: A forma masculina não se faz, ela simplesmente existe. Ela não é derivada. Só se precisa aprendê-la".[77]

O feminismo tem um senso aguçado para a distribuição das expressões masculinas e femininas na linguagem usual. Quer inclusive mudá-la. Em alemão existe a partícula "man", escrita com letra minúscula no sentido de pessoa indeterminada, por exemplo, "man geht in die Schule" (vai-se à escola), o que inclui também a mulher. Existe o objetivo em vista de conseguir a mesma coisa com a palavra "frau": "frau geht in die Schule". Esta expressão abrangeria o homem e a mulher.

A discussão em torno da linguagem leva muitas vezes a preconceitos no uso de palavras. A forma masculina de uma expressão é facilmente confundida com um conteúdo masculino e erroneamente interpretada no sentido do patriarcado.

Este destino talvez tenha tido a expressão Filho do Homem. No feminismo quase não é usada. Mas, no meu entender, ela é o conceito bíblico chave de seu objetivo na Cristologia. Pois ele possui uma perspectiva feminina. Um Filho do Homem é

---

[76] Cf. Luise F. Pusch, *Das Deutsche als Männersprache*. Frankfurt, 1984, 15.
[77] Cf. Anna Maria Piussi, Die Bedeutung/Sichtbarkeit des Weiblichen und der Logos der Pädagogik. In: Diotima, *op. cit.* 1993, 134.

sempre o filho de uma mulher. É empregado na terceira pessoa e assim substitui não apenas Jesus, mas também as pessoas em geral. Em última análise, é um conceito escatológico e portanto faz parte de todo o assunto que trata de Jesus. Refere-se ao Reino de Deus e só nesse âmbito às pessoas que abrange.

É também o único título de autoridade que ocorre exclusivamente na boca de Jesus. Paulo não o emprega jamais.

A discussão sobre o título volta-se especialmente para seu valor histórico. A pergunta da literatura exegética, que entrementes tornou-se praticamente geral, soa assim: Jesus refere este título a si e expressa sua autoconsciência, de modo que chegamos a saber como ele mesmo – historicamente – se entendeu, ou Jesus quer com isso significar outra pessoa, que ele mesmo espera, de modo que foi a comunidade que identificou esta pessoa com ele, e que o título não é nenhuma auto-afirmação de Jesus, mas uma profissão de fé em Jesus na comunidade? O título de Filho do Homem seria então um título cristológico de soberania como também todos os outros. Anton Vögtle chama essa questão de "a questão crucial do problema do Filho do Homem.[78]

Eu não sei respondê-la. Mas meu tema também não é: "Jesus e o Filho do Homem",[79] nem "Jesus versus o Filho do Homem".[80] Meu tema refere-se "às mulheres e o Filho do Homem". Também não aborda o problema histórico, mas o assun-

---

[78] Cf. Anton Vögtle, *Die Greetchenfrage des Menschensohnproblems.* Frankfurt, 1994. Vögtle ocupou-se a vida inteira com este problema e chamou de "decisão infeliz" tê-lo abordado e assumido. *Ibidem,* 7.

[79] Cf. o escrito comemorativo para Anton Vögtle, de Rudolf Schnackenburg et alii (ed.), *Jesus und der Menschensohn. Für Anton Vögtle.* Freiburg, 1975.

[80] Cf. para isso Paul Hoffmann in: Peter Fiedler, Lorenz Oberlinner (ed.), *Salz der Erde – Licht der Welt. Exegetische Studien zum Matthäusevangelium. Festschrift für Anton Vögtle zum 80. Geburstag.* Stuttgart, 1991, 165-203.

to teológico, ou seja, a relação de homem e mulher no próprio título. O uso linguístico contém alguns aspectos que na minha opinião merecem ser aprofundados. O título de Filho do Homem só ocorre na terceira pessoa. Não importa se esta figura vem sobre as nuvens do céu ou se anda pela terra e não sabe onde reclinar sua cabeça, ou se é tão-somente alguma pessoa, Jesus emprega o termo fundamentalmente num sentido objetivo. Ele o emprega tanto no presente como no futuro. Pode referi-lo a si, mas também a um outro. Ele não diz: Eu o sou, ou tu o és, ou este o é. Sempre é cada um e, sempre também, o são todos juntos. Daí a pergunta fundamental de Jesus: Quem é o Filho do Homem? Nenhuma das respostas que recebe, especialmente nenhuma das identificações e hipóstases que são propostas, conseguem satisfazê-lo, nem aquela identificação com ele mesmo. Ele proíbe aos discípulos a profissão de fé. Não devem dizer a ninguém quem ele é, pois eles não o sabem, e tudo o que dizem dele é falso.

Dessa restrição, mas ainda mais do emprego geral da expressão conclui-se na exegese que o título não é uma autodesignação no sentido de "eu sou este e este".

Contudo, a Bíblia o emprega para Jesus. Por isso a expressão tem a ver com ele de qualquer modo. Nos evangelhos a palavra aparece exclusivamente na boca de Jesus. Por isso talvez já devêssemos perguntar o que significa o pluralismo de um lado, e esta exclusividade de outro. Devem eles contradizer-se ou não podem também condicionar-se? Será que na lacuna histórica não se esconde inclusive uma virtude teológica? Certamente não podemos atribuir exclusivamente a Jesus o título de Filho do Homem. Ele contradiz em princípio o Cristomonismo. Também não deveríamos empregar assim os outros títulos. Mas, diferentemente de todos os outros, ele é de qualquer forma pluralista, pois gente (Menschen, daí Menschensohn, em alemão, e em português temos consagrado Filho do Homem. É impossível na tradução fazer o jogo de palavra como no alemão. Deveríamos então traduzir a expressão por "Filho de gente") nunca é um só. São ao menos dois e, via de regra, muitos. O Filho do Homem não pode substituir os outros, mas faz parte deles e pode por isso representar a todos. Pois ele é tanto gente como também é filho. É filho de uma mulher.

Na discussão sobre o título, percebe-se com clareza que duas suposições hermenêuticas básicas dominam o campo, que não são evidentes, mas que estão à base de todo o discurso e que também o viciam, isto é, uma suposição dualista e uma separatista. A primeira diz: ninguém pode substituir um outro. Se Filho do Homem é o título de uma autodesignação, não pode ser a designação de algum outro. Para o separatismo, esta unilateralidade é típica; as mulheres não aparecem em todo o debate sobre o Filho do Homem.

Ninguém contesta o significado antropológico básico dessa expressão: a palavra é simplesmente a expressão aramaica para ser humano. Este sentido aparece sempre de novo. Mas ele parece tão evidente que não nos vemos obrigados a refletir sobre ele: significa o ser humano mortal, uma vez que é responsável por si. A circunstância de ser mortal faz parte disso, mas não deve receber maior interesse. O patriarcado subtrai a dimensão feminina do ser humano em geral. Ninguém nega que ele nasce de uma mulher, mas também não deve interessar a ninguém. Mas esta circunstância não diz nada de essencial sobre o Filho do Homem. O mítico é sempre realçado e ao mesmo tempo combatido, o mito do poder do Filho do Homem sobre as nuvens do céu – como patriarca.

Mas é um fato inegável que todo filho é filho de uma mulher. Tem irmãos e irmãs. É uma figura plural e relacional. Só se pode entendê-la propriamente com base na diferença dos sexos. O Filho do Homem é um entre muitos. Ele provém de outros e faz parte deles. Ele os representa e eles o representam. Ele pode cobrar das pessoas o humano e defendê-lo. Só nesta base muitas afirmações sobre o Filho do Homem recebem um sentido consistente. A elas pertence a distinção entre Jesus e o Filho do Homem.

Quem confessa Jesus diante dos seres humanos, Jesus também o confessará diante de Deus. Ele usufrui de sua solidariedade. O mesmo se aplica ao juízo final em Mt 23,31s: O que se fez ao menor de seus irmãos e irmãs, foi a ele que se fez.

O Filho do Homem julga o ser humano segundo sua conduta com o outro ser humano. Quem visitar uma pessoa na prisão, visita a ele. Em Marcos se diz: "Pois também o Filho do Homem não veio para ser servido, mas para servir e dar a vida em resgate de muitos" (Mc 10,45). É o preço que deve ser pago a fim de que se tornem humanos.

A diferença dos sexos oferece um espaço à Cristologia para um discurso sobre si mesma. Ela deve ser capaz de responder à pergunta sobre o caráter humano de si mesma. Fala-se, por isso, e com boas razões, de uma Cristologia "à procura". Qual é a "relevância humana da fé cristológica"? A Cristologia do Filho do Homem discute esta pergunta e a responde. É uma Cristologia da humanidade do ser humano. Ela supera a oposição entre o Jesus da história e o Cristo da fé, com base no ser-humano do ser humano.[81] O ser-humano de Jesus é nela exemplar. Ele o transforma em Cristo. A mulher e o patriarcado são a interrogação decisiva do problema do Filho do Homem.

3.4. A importância da perspectiva feminina para uma cristologia integral

Quem dizem as pessoas que é o Filho do Homem? Esta pergunta, feita por Jesus a seus discípulos, não recebeu nenhuma resposta satisfatória. As pessoas o consideram este ou aquele, mas sempre alguém importante, que foi alguém muito especial e cuja volta esperam no futuro. Também os discípulos dão uma resposta. Nem lhes passa pela cabeça a noção de Filho do Homem, mas o identificam com Cristo. Pedro diz: "Tu és o Cristo, o Filho do Deus vivo". Com esta resposta, Jesus ficou especialmente insatisfeito, pois proibiu-lhes severamente de dizer a alguém que ele era o Cristo. Eles têm uma Cristologia, mas esqueceram o Filho do Homem. A partir de então, Jesus começou a instruí-los. Em Mateus diz que devia ir a Jerusalém e lá ser morto. O mesmo diz em Marcos, mas substitui o sujeito da enunciação. Ele ensina em Marcos que o Filho do Homem devia sofrer muito, ser rejeitado pelos anciãos, que devia ser morto e ressuscitar depois de três dias.

---

[81] Para a superação conceitual dessa aporia, cf. entre outros Carter Heyward, Eine feministische Befreiungschristologie jenseits der "Jesus der Geschichte" und des "Christus des Glaubens". In: Renate Jost, Eveline Valbrink (ed.), *Ihr aber, für wen haltet ihr mich? Auf dem Weg zu einer feministisch-befreiungstheologischen Revision von Christologie*. Gütersloh, 1996, 29-41.

A pergunta de Jesus é tão fundamental, exemplar e tão antiga quanto a própria Cristologia. Quanto mais intensamente refulge o brilho da glória que se dá a alguém, mais facilmente se esquece o que ele representa, o que deseja e em que se afirma. Ele é colocado no pedestal para mais facilmente ser evitado. Atrás do brilho da veneração desaparecem os anseios. Uma profissão de fé só com os lábios sempre foi um problema para a Cristologia, pois com palavras é possível discutir maravilhosamente. Por isso se coloca desde o começo a pergunta: o que diz o próprio Jesus nas afirmações sobre Jesus? Não podemos simplesmente repeti-lo. Existe uma ruptura entre sua doutrina e o ensinamento de seus discípulos. Mas temos de fazer o que ele diz. Estamos em seu seguimento e falamos em seu nome. Tudo o que é dito sobre ele deve bastar para o que ele mesmo representa, ainda que ele próprio não o tenha dito.

A Cristologia do Filho do Homem satisfaz este desejo. Ela coloca a Cristologia em geral na posição de exame da jesuanidade. Todas as profissões de fé em sua palavra são questionadas sobre a relação com aquela tradição que representa seu ser-pessoa e a ele se refere. O problema de sua historicidade foi por mim só abordado por alto, não discutido. Mas também não precisava ser tratado, pois meu tema era sua teologia. Ela lembra que aquele que ressuscitou também nasceu, caso contrário nem ser humano poderia ter sido; que teve de sofrer, porque o ser humano tem de sofrer, e que só como ser humano pôde chegar à sua glória. Aquele que andou pelas estradas da Galileia e aquele que está sentado à direita de Deus são a mesma pessoa. Se não tivesse andado pelas estradas, não poderia estar sentado à direita de Deus. O céu e a terra, o transcendente e o imanente são correlatos em sua vida. São os dados angulares de sua totalidade.

Ser-nascido é constitutivo para o ser-pessoa. As mulheres não são figuras acessórias no curso da história universal. Elas representam de certa forma a humanidade do humano. Fortalecem o ser-pessoa das pessoas e lutam por isso. Sem ela, isso nem existiria no mundo.

A perspectiva das mulheres tem uma importância prioritária na relação com a Cristologia, pois abre-lhe o caráter humano e mostra que, na fé, trata-se da questão do ser-pessoa dos seres humanos. Tem um caráter total. É um critério de salvação. Refere-se ao ser humano todo. Segundo a Constituição Pastoral do Vaticano II, refere-se à salvação da pessoa humana e à construção justa da sociedade. Abrange corpo e alma, constituição física e espiritual, coração e razão, vida interior e exterior.

As mulheres são parte constitutiva desse programa. São sujeito e objeto de uma Cristologia pastoral: sujeito enquanto elas mesmas a defendem, objeto porque elas mesmas figuram nela.

O ser humano, de quem se trata na salvação, não é um, mas dois. É um ser plural. Não consiste de um, mas de muitos. Sem as mulheres não fazemos justiça, nem às mulheres e nem aos homens. Concepções monistas, seja de que procedência ou orientação forem, são por isso estranhas ao ser-pessoa e não podem satisfazê-lo. Mas com a pluralidade liga-se à relacionalidade. Aqueles que nós somos, temos que tornar-nos primeiramente, sempre através das análises que fazemos e através da vida que vitoriosamente levamos. São um acontecer humano. Fazem parte do tornar-se humano da pessoa. Não deveríamos impedir de forma absoluta esta reciprocidade e seu caráter fatal ou nem mesmo destruir nem estrangeirar androcentricamente e assim falsificar. O desafio pastoral mostra que não se pode defender essencialisticamente a Cristologia. Só se consegue ter em conta tanto a pastoral quanto a Cristologia de modo perspectivista. Nem uma, nem a outra podem subsistir sem a perspectiva da mulher. É preciso pois lembrar a Igreja disso. Ninguém poderá lançar sobre ela a suspeita de feminismo. Mas ela tem uma perspectiva feminina de espécie fundamental – isto é, a Mariologia.

Não tratei dela porque é um tema específico que torna necessário um entendimento próprio com o feminismo. Mas também não gostaria de passá-la por alto, pois ela faz parte da relação pastoral com a Cristologia. Ela é de certa maneira sua tradição dogmática. Na proclamação oficial, o último dogma mariano, a assunção corporal ao céu, foi fundamentado com uma referência pastoral, isto é, em confronto com um materialismo desrespeitador do ser humano. Não cabe aqui discuti-la em maiores detalhes, mas também não gostaria de ocultá-la, pois faz parte do tema. Ela mostra que a antropologia é na Igreja católica – tradicionalmente considerada – Mariologia. Quem não gostaria de manifestar-se e sobressair como patriarca não pode querer dizer que a Mariologia trata de uma mulher, mas que a antropologia se refere a homens e mulheres; por isso a Mariologia talvez seja uma parte da antropologia, mas não o contrário. Quem assim fala oculta a importância geral do aspecto genealógico. O ser-pessoa de cada ser humano – seja homem ou melhor – é ser-nascido de uma mulher.

Na Igreja não se fazem tais considerações. As próprias tradições, que são muito fundamentais, são deixadas de preferência ao tradicionalismo. O discurso sobre a diferença dos sexos abre para a Igreja amplas perspectivas no relacionamento com todas as pessoas. Permite que ela seja vista do ponto de vista do homem e da mulher. Não há só o Filho do Homem sobre as nuvens do céu. Há também a mulher no céu, coroada de doze estrelas, que não se deixa engolir pelo dragão e foge dele. Ela representa toda a Igreja e todo o povo de Deus.

Segundo minha opinião, o feminismo tem por isso grande peso teológico. Ele recupera na pastoral perspectivas perdidas da relação com a Cristologia. Abre, portanto, caminhos para o futuro. Não se deveria combatê-lo, nem dogmatizá-lo. Merece ser discutido. Seus anseios são importantes para uma dogmática e pastoral renovadas.

Um conceito igualitário do plural não leva adiante o diálogo das religiões. É inqualificado e por isso insuficiente. Pois, em primeiro lugar, nem todos se interessam por todos os temas; em segundo lugar, nem todos falam com todos; em terceiro lugar, nem todas as religiões abordam todas as questões, de modo que não se pode obter informação de todas em todas as questões; em quarto lugar, Deus e a salvação não são algo evidente sobre o qual a religião domina. Ela deve elaborar afirmações que não podem ser evocadas simplesmente da tradição. Disso lhe nasce uma tarefa teológica que não pode realizar a qualquer tempo e em qualquer lugar. O pluralismo não se esgota na disposição para um diálogo formal de possíveis parceiros, mas desafia a própria autocompreensão. Quem se relaciona com quem e em que sentido? Tenho algo a dizer a outrem e estou disposto a deixar que o outro me diga alguma coisa? Qual é o sentido e a importância do diálogo?

As dificuldades não estão no exclusivismo ou inclusivismo de pontos de vista que deveriam ser resolvidos com um pluralismo formal, como sugerem e afirmam os representantes da chamada teologia pluralista das religiões. Elas estão, bem mais, na própria teologia, que não está desenvolvida de modo igual em toda parte, mas também onde possui alto grau de diferenciação e não consegue tomar uma posição nova perante a vida e propor perspectivas mais amplas.

A discussão sobre o feminismo no cristianismo fornece para isso documentação considerável. Pois ela exige a retomada do Jesus histórico e de sua mensagem do Reino de Deus no sentido da Cristologia. Ninguém que lhe diz, Senhor, Senhor, mas não faz a vontade de seu Pai, pode alcançar o Reino de Deus. O mistério do Messias com sua proibição de profissão de fé deveria aqui ser repensado. Quase ninguém toma a peito esta proibição. O cristianismo com sua redução da fé a Cristo e à sua pessoa sob a negação do objeto que representa deve ser corrigido, superado e rejeitado.

A fé em Cristo exige a confissão de fé no Filho do Homem. Quem visita seus irmãos e irmãs na prisão encontra-o na prisão. O diálogo com as mulheres é neste sentido não uma atualidade sociopolítica, mas uma tarefa cristológica. O feminismo traz contribuições ao diálogo das religiões que são um desafio religioso mas também político. A resistência contra seus pontos centrais no patriarcado, nós a encontramos em todas as religiões.

O cristianismo tem para este ponto central uma perspectiva cristológica. Ele faz da pessoa enquanto pessoa tema da religião enquanto religião. Proíbe a equiparação de religião com Deus. Esta colocação temática abre o diálogo e lhe dá perspectivas seculares.

O diálogo inter-religioso não deve limitar-se ao religioso. É uma tarefa secular para cuja realização a religião é exigida como religião. O diálogo está a serviço da exaltação do sagrado na sociedade de hoje.

4. "Dominus Jesus"
e o Vaticano II

Na tradição católica há muitos lugares da teologia. Melquior Cano, um dominicano do século XVI, é o clássico dessa tradição.[82] Ele trata em sua famosa obra, *De locis theologicis,* de dez lugares, mas dá a entender que há ainda muitos outros e que seu número não pode ser limitado, pois cada país e cada tempo são capazes de ser um novo lugar da teologia.[83] Cano tem em vista também as religiões não cristãs. Ele anuncia um entendimento com o judaísmo e com o islã. Mas não foi realizado ou não foi encontrado e até hoje está desaparecido.

---

[82] Cf. para isso Elmar Klinger, *Ekklesiologie der Neuzeit. Grundlegung bei Melchior Cano und Entwiklung bis zum Zweiten Vatikanischen Konzil.* Freiburg, 1978; bem como Hans-Joachim Sander, Das Aussen des Glaubens – eine Autorität der Theologie. Das Differenzprinzip in den Loci Theologici des Melchior Cano. In: Hildegund Keul, Hans-Joachim Sander (ed.), *Das Volk Gottes. Ein Ort der Befreiung.* Würzburg, 1998, 240-258.

[83] Para este entendimento cf. Elmar Klinger, Afrika und die Afrikaner – ein vergessener Ort der Theologie. Der Beitrag Melchior Canos zu einer Kultur des Erinnerns. In: Theresia Heimerl, Karl Prenner (ed.), *Kultur und Erinnerung. Beiträge zur Religions-, Kultur- und Theologiegeschichte.* Festschrift für Karl Matthäus Woschitz. Regensburg, 138-152.

Autores e leitores da Declaração "Dominus Jesus", sobre a unicidade e a universalidade salvífica de Jesus Cristo e da Igreja,[84] do ano 2000, deviam conhecer este pluralismo na tradição, pois ele protege contra erros e mal-entendidos. A Declaração realça a unicidade e universalidade salvífica de Jesus e da Igreja e rejeita o pluralismo, uma vez que é um relativismo. Ela não pode e certamente não quer negar o fato de que também o magistério católico tem caráter plural, e que as religiões não cristãs têm pontos de vista que são bons e sagrados.

"Dominus Jesus" serve-se de um estilo generalizador e de cartaz, mas não quer tratar do tema exaustiva e definitivamente, pois também não é o único documento relativo a este tema na Igreja. Não substitui os outros nem faz uso deles. Ao contrário, está em seu contexto. Deve ser lido diante do pano de fundo do Vaticano II e sobre seu fundamento.

Não obstante, a Declaração é um documento importante também para si mesma, pois mostra como a Congregação para a Doutrina da Fé avalia atualmente determinados problemas e orientações na teologia e provoca por isso uma tomada diferenciadora de posição. O leitor tem de prestar sempre atenção para o fato de que pluralismo e relativismo não são idênticos, que Jesus é "dominus", o Senhor, mas também "servus", o servo de Deus, e que a Igreja é em última análise o povo de Deus que se

---

[84] Cf. Kongregation für die Glaubenslehre, Erklärung "Dominus Jesus". Über die Einzigkeit und die Heilsuniversalität Jesu Christi und der Kirche. Hg. v. Sekretariat der Deutschen Bischofskonferenz. Bonn 2000 (Verlautbarungen des Apostolischen Stuhls 148).

reúne em Cristo. Este povo abrange muitas igrejas. Nele devem ser incluídas também pessoas que pertencem a alguma outra religião e não confessam Cristo (cf. *Lumen Gentium* n. 9-17). Por força de sua união com o povo de Deus e de sua qualidade de membros nele, possuem sua chance de salvação. "Extra ecclesiam nulla salus." Fora do povo de Deus, cuja reunião é a Igreja, não há de fato nenhuma salvação.

Existe assim na Igreja uma base para a discussão da "Dominus Jesus". Gostaria portanto de discutir a Declaração sob uma ótica teológico-comparativa. As afirmações do Vaticano II são a base sobre a qual quero analisar o documento romano.

4.1. O que ensina a Declaração e o que ela omite?

"Dominus Jesus" trata de três temas centrais. Um cristológico: Jesus é a plenitude e o marco definitivo de toda a revelação; um eclesiológico: a Igreja não é só a comunidade dos fiéis, mas também o Cristo continuando a viver, o mistério continuado em sua pessoa, por isso a unidade e a unicidade da Igreja por ele fundada devem ser cridas com firmeza total; finalmente, um tema missionário-dialógico: o diálogo com outras religiões acontece no âmbito da missão, e não o contrário, que a missão é uma atividade no âmbito e na base do diálogo. Com essas afirmações, "Dominus Jesus" quer construir na teologia e na Igreja uma fortaleza contra o relativismo, o indiferentismo, o pluralismo e o ecletismo.

Naturalmente pode-se perguntar: o que existe de mal nisso? Por que tanta celeuma e protesto contra a Declaração?[85] Na minha opinião, o principal problema de "Dominus Jesus" não está naquilo que ela escreve, mas naquilo que não escreve, o que ela cala. Disso fazem parte o Jesus terreno e o Reino de Deus na Cristologia, o povo de Deus na Eclesiologia. A Constituição Pastoral não é tratada em parte alguma. Se li bem as notas, ela é mencionada uma única vez. Pode-se objetar a isso: toda Declaração deve fazer sua escolha. Nenhuma trata de tudo. Perfeição material é impossível alcançar. Esta objeção é justificada. Mas em toda escolha existe uma exigência mínima. Soa assim: em todo documento deveriam também se manifestar aqueles sobre os quais se escreve.

"Dominus Jesus" não satisfaz esta exigência nem na Cristologia, nem na Eclesiologia, nem no diálogo com as religiões não cristãs.

Diz-se na Cristologia que Jesus é a plenitude e fim último de toda a revelação. Mas ele mesmo nunca é ouvido, bem ao contrário! Sua mensagem do Reino de Deus que faz dele uma grandeza definitiva, a plenitude de toda a revelação na história, é relativizada e até mesmo caricaturada. Diz-se textualmente: "Não se tiram significados unívocos para as expressões Reino dos Céus, Reino de Deus e Reino de Cristo, nem para a relação das mesmas com a Igreja, sendo esta um mistério que não se pode encerrar total-

---

[85] Para os fundamentos, cf. as posições em Michael J. Rainer (ed.), *"Dominus Jesus" – Anstössige Wahrheit oder anstössige Kirche? Dokumente, Hintergründe, Standpunkte und Folgerungen*. Münster, 2ª edição revista, 2004.

mente num conceito humano" (18). Não vejo como a Declaração combina este espantoso relativismo em uma questão central da Cristologia com a plenitude e finalidade última da própria revelação em Jesus Cristo, que ela acentua.

A mencionada exigência mínima também não é satisfeita na Eclesiologia. Causou o maior desgosto e experimentou o maior protesto. Gostaria de mencionar aqui três lacunas fundamentais. A primeira refere-se à relação da Igreja com o Reino de Deus. Diz-se que a Igreja deve anunciar e consolidar o Reino de Deus, mas não que ele é um parâmetro para ela e que Jesus a fundou com ele e para ele. A expressão "povo de Deus" não ocorre uma única vez em toda a Declaração, embora a Igreja se constitua dele e seja a congregação do povo de Deus. É o conceito-chave da Eclesiologia do Vaticano II.

A segunda lacuna causou o maior constrangimento. Refere-se ao ser-Igreja do protestantismo. Dele se diz que se constitui de comunidades eclesiais sem episcopado válido e sem "realidade plena" da Eucaristia. Diz que "não são Igrejas no sentido próprio da palavra" (17).[86] A Declaração dá a impressão de poder definir o ser-Igreja e o não-ser-Igreja das Igrejas protestantes, sem atentar para o que realmente acontece nelas, como elas mesmas se entendem e que há diálogos ecumênicos sobre a questão ministerial. Segundo penso, há

---

[86] O Cardeal Walter Kasper falou de "novos tipos de Igrejas". O Concílio não se manifestou com relação a isso em sentido específico, mas no sentido bem fundamental, pois "Lumen gentium", n. 9, chama a Igreja de reunião do povo de Deus em Cristo. As Igrejas protestantes são uma reunião do povo de Deus em Cristo e, portanto, "Igrejas no sentido próprio da palavra".

que distinguir entre o ministério em geral e o ministério episcopal no sentido católico. Mas têm verdadeiros ministérios e são por isso Igrejas.[87]

Uma terceira lacuna da Declaração "Dominus Jesus" está em seu entendimento restritivo da distinção entre Igreja católica e Igreja de Jesus Cristo. Diz a *Lumen Gentium*, do Vaticano II, no número 8, que a Igreja de Cristo subsiste na Igreja católica. Ela possui, portanto, existência autêntica. A Declaração volta-se contra um relativismo eclesiológico e acentua que a Igreja católica é a verdadeira Igreja e que as outras só possuem elementos da verdadeira Igreja. Não quero contestar esta afirmação que se baseia textualmente na *Lumen Gentium* (n. 8), mas salientar algo que ela não menciona, mas que os comentários acentuam expressamente: a expressão "subsistit" foi empregada ao invés da expressão "est". O Concílio quer impedir que se identifique a Igreja de Cristo simplesmente com a Igreja católica. Ele queria que fosse observada uma diferença, sem detrimento das qualidades especiais que a Igreja católica possui em relação às Igrejas não católicas. Assim é possível dizer que ela é a Igreja de Cristo, mas isto pode ser ainda bem melhor. Ela tem também a

---

[87] Cf. para isso o conceito de magistério no can. 145 do CIC. Ele abrange tarefa (*munus*) e encargo (*ordinatio*). Ambas as coisas podem acontecer através do próprio Deus, como por exemplo, no munus profético. Cf. para a problemática geral, Elmar Klinger, Das Amt des Laien in der Kirche. In: idem, Rolf Zerfass (ed.), *Kirche der Laien. Eine Weichenstellung des Konzils*. Würzburg, 1987, 67-85; bem como idem, Die dogmatische Konstitution über die Kirche "Lumen gentium". In: Franz Xaver Bischof, Stephan Leimgruber (ed.), *Vierzig Jahre II. Vatikanum. Zur Wirkungsgeschichte des Konzils*. Würzburg, 2004, 74-97.

possibilidade de autocrítica, pois há muita coisa na Igreja católica que não é Igreja de Cristo. Queima das bruxas, Inquisição e Cruzadas não podem ser legitimadas em Cristo. Quanto à mensagem poderíamos até dizer: "Dominus Jesus" é um documento da Igreja católica, não da Igreja de Cristo.

A distinção entre a Igreja católica existente na realidade e a Igreja de Jesus Cristo tem para o Concílio uma importância sistêmica imanente.[88] Ela não se encontra por acaso no final do primeiro capítulo da *Lumen Gentium*, mas leva a seu segundo capítulo sobre o povo de Deus. Mostra que a Igreja pode tornar-se o povo de Deus em Cristo. Sobre esta base é possível pensar a ação pastoral da própria Igreja como formadora eclesial. É constitutivo não só de algo que ela já sempre é, mas de tudo o que de novo ela tem de ser no futuro, e que deve tornar-se semente e células germinadoras da renovação, da paz e da justiça.

---

[88] Seria preciso examinar melhor esta situação nos textos. Na declaração sobre a liberdade religiosa *Dignitatis humanae*, n. 1, encontra-se a frase: "É nossa fé que essa única e verdadeira religião se encontra na Igreja católica e apostólica..." Em latim: "subsistere credimus". Na *Lumen gentium*, n. 26, se diz: "Esta Igreja de Cristo está verdadeiramente presente em todas as legítimas comunidades locais de fiéis, que [...] também elas são chamadas igrejas. Elas são em seu lugar o povo chamado por Deus". Em latim: "vere adest". A Igreja de Cristo está realmente presente nas igrejas locais, o que significa que "subsiste" nelas. Pode-se por isso perguntar sempre, dentro e fora da Igreja católica: em que situação, sob que aspecto e em que igreja subsiste a Igreja de Cristo? – Deve-se rejeitar sempre falsas generalizações. Sem a reconhecida pluralidade de igrejas na Igreja de Cristo nem caberia esta pergunta.

É surpreendente, mas ideologicamente sempre de novo compreensível que o significado eclesial pleno de "subsistit" seja simplesmente preterido. Exemplo brilhante dessa falta é Alexandra von Teuffenbach, *Die Bedeutung des subsistit in (LG 8). Zum Selbstverständnis der katholischen Kirche*. München, 2002.

O que se deve entender precisamente por Igreja de Cristo é dito no n. 8 da *Lumen Gentium*. Lá se fala de "dons próprios da Igreja de Cristo". Entre outras coisas diz-se: o que se deve dizer de Cristo, vale também para a Igreja de Cristo. Assim como Cristo foi enviado para levar aos pobres a boa-nova (do Reino de Deus), semelhantemente a Igreja cerca de amor todos os afligidos pela fraqueza humana e reconhece mesmo nos pobres e sofredores a imagem de seu Fundador. Em outras palavras, ela é a Igreja dos pobres.[89]

O Concílio amplia o modo de falar. Ele faz uma mudança do uso legitimador para um uso pastoral da expressão Igreja de Cristo. A Declaração não o segue nesse ponto. Mas a ampliação do Concílio, ela a aplica num sentido restrito, pois fala de Igrejas separadas. Provavelmente tem em mente os ortodoxos. Deles se diz: A Igreja de Cristo também está presente e atuante nessas Igrejas. No entanto, o sentido abrangente dessa ampliação é muito importante para a pastoral e por isso deve ser acentuado. Ele fortalece e fundamenta a identificação. Quando a Igreja se reúne em nome de Cristo, ela é a Igreja de Cristo. Quando assume as tarefas de Cristo e as realiza em nome de Cristo, ela é a Igreja de Cristo. Quando a Igreja vai aos jovens e partilha com eles a vida, ela é a Igreja de Cristo.

Quanto ao conteúdo, a Declaração "Dominus Jesus" só se ocupa das outras religiões de modo bem limitado. Ela adverte contra o relativismo e o indiferentismo. A Igreja não é apenas

---

[89] O debate em torno da Teologia da Libertação é portanto um exemplo da luta pela Igreja de Cristo na própria Igreja católica. Cf. para isso Elmar Klinger, *Armut. Eine Herausforderung Gottes. Der Glaube des Konzils und die Befreiung des Menschen*. Zürich, 1990.

um caminho salvífico ao lado de outros, mas o caminho salvífico necessário. Há uma necessidade de pertencer a ela.

Mas como a Declaração não sabe dizer nada de unívoco sobre o Reino de Deus, porque só discute controversamente este conceito, também não domina o conceito de evangelização. Ele é também um conceito central do Vaticano II e significa *per definitionem* o anúncio do Reino de Deus. Tem caráter libertador, mas disso não se fala em parte nenhuma da Declaração. Ela não consegue captar em seu conteúdo a necessidade da Igreja para a salvação nem fundamentá-la a partir da questão. Vai dedutivamente à obra. Porque a Igreja acredita na vontade salvífica de Deus, diz-se no n. 22, deve ser missionária.

A Constituição Pastoral do Vaticano II é, neste Concílio, o princípio da presença da Igreja na sociedade atual. É o fundamento mais geral e o horizonte mais abrangente de toda a missão da Igreja e da revelação da vontade de Deus no mundo de hoje. Mas para esta Declaração não há nenhum tema. É citada casualmente uma vez, mas nunca mencionada como tema.

Dessa forma, o documento mostra uma gravíssima falha do ponto de vista do Vaticano II. Todos de quem fala não aparecem, e o próprio Jesus menos ainda. Contudo, a preocupação que o move e o desejo que possui são justificados. Há muito indiferentismo e relativismo nas coisas eclesiais. A Congregação para a Doutrina da Fé faz o que pode fazer, apesar de ser muito pouco. Temos de respeitar seu ponto de vista, mesmo que seja criticável. Ela abre a possibilidade de um debate intereclesial que pode prosperar. Temos sempre as autoridades que temos. Outras não existem. Temos de aprender também a lidar com elas.

Há na Igreja católica uma base eclesial para este debate: o Vaticano II. Temos de estudá-lo mais e aplicá-lo. Ele não oferece nenhuma base para o relativismo e o indiferentismo. Com base nele, deveríamos e podemos combater ambos melhor. O diálogo das religiões é um tema muito vasto. Não se pode realizá-lo só a partir de nosso próprio ponto de vista. Um desafio são os pontos de vista alheios. Além do Vaticano II, existem ainda outros documentos romanos que o abordam de maneira diferente.[90] A questão da relação da única Igreja com as muitas religiões é um problema fundamental que precisa ser discutido, não só num sentido especial, mas também num sentido bem geral. É um problema fundamental da maior envergadura. Não se pode deixá-lo aos especialistas táticos. Ele tem envergadura metafísica.

"Dominus Jesus" parte do uno e lhe subordina o múltiplo. Remete para seu caráter derivado. Este enfoque metódico não permite que o plural manifeste seu próprio valor. Este se defronta com o uno e só pode subsistir perante ele através da subordinação.

No entanto, diálogos pressupõem pluralidade, pois só podem realizar-se entre duas ou mais pessoas. Cada uma delas tem sua própria legitimidade. A diversidade faz parte da verdade em que as partes se encontram. Só nessa base podem duas pessoas aceitar-se e aceitar o que uma diz à outra.

---

[90] Cf. o Conselho Pontifício para o Diálogo Inter-religioso, Congregação para a Evangelização dos Povos, *Dialog und Verkündigung. Überlegungen und Orientierungen zum Interreligiösen Dialog und zur Verkündigung des Evangeliums Jesu Christi*. Ed. por Secretariado da Conferência dos Bispos da Alemanha. Bonn, 1991 (Verlautbarungen des Apostolischen Stuhls 102).

4.2. A igualdade categorial tem qualidade teológica?

O documento romano toma a sério esta igualdade categorial ao nível do diálogo, no sentido de um pressuposto natural, pois esclarece: "A paridade, que é o pressuposto do diálogo, refere-se à dignidade igual das partes como pessoas, não ao conteúdo da doutrina nem muito menos a Jesus Cristo, o Filho de Deus feito homem, em comparação com os fundadores das outras religiões" (22).

A igualdade categorial das partes do diálogo em sentido sobrenatural não é reconhecida por "Dominus Jesus". A igualdade categorial refere-se à verdade em que estão as partes respectivamente e aos pontos de vista religiosos que elas defendem. Existem diferenças fundamentais entre elas. Mas existem também paridades quanto ao direito de afirmações doutrinárias. Todas elas precisam ser discutíveis. Caso contrário são retiradas do diálogo e se faz delas um tabu. Existe inclusive o processo oposto, pois quanto mais centrais, tanto mais questionáveis e debatíveis devem ser.

Uma falsa generalização – *a fallacy of displaced concreteness* – obviamente deve ser rejeitada. Ainda que espalhada por toda parte. Ninguém no islã jamais afirmou que Maomé é a Palavra encarnada de Deus. Igualá-lo, pois, a Jesus sob a designação de "fundadores de religião" é, portanto, um absurdo. No entanto, o título "Filho de Deus encarnado" pede uma explicação que deve ser discutida. Distingue-o dos outros seres humanos e torna-o uma pessoa entre as outras, que está em uma relação especial com as outras pessoas, que Maomé não reivindica e pessoalmente não tem? A base dessa relação é a natureza humana de Jesus, uma igualdade com todas as pessoas. Sobre ela salienta-se em sua qualidade especial – sua qualidade salvífica – diferente de todas as outras.

Os autores de "Dominus Jesus" não mencionam este ponto de vista de que existem tais paridades e que todas se referem a conteúdos – tanto materiais quanto espirituais, tanto naturais quanto sobrenaturais. Seu documento não é nenhuma base mais geral para os diálogos. Pois atribui a unicidade e a universalidade salvífica exclusivamente a Jesus e à Igreja e recusa essas qualidades a outras pessoas e religiões, devido à sua diferença em relação ao cristianismo. São aleatoriamente múltiplas, não singulares. São regionais, não de influência universal para a salvação. São um caminho natural, não sobrenatural. Não se tem nada a aprender de seus pontos de vista teológicos, pois nós somos únicos e singulares.

4.3. Como realçar a verdade no discurso?

O diálogo das religiões exige igualdade categorial no sentido mencionado em todos os planos, em todos os temas do diálogo. Daí a pergunta: Ela significa relativismo?[91] A base de sua refutação é o sobrenaturalismo, como o defende "Dominus

---

[91] "Dominus Jesus" chama de relativistas as teorias "que querem justificar o pluralismo religioso não só *de facto*, mas também *de iure* (ou em princípio)" (4), e deduz daí erros contra os quais se volta. Contra essa equiparação de relativismo e pluralismo é preciso demonstrar o ponto de vista da verdade, que sempre significa a concordância de um com um outro e que ele mesmo deve ser outra vez distinguido dos dois.

Jesus"? Ou a igualdade categorial só exige um realismo metafórico? Minha resposta é: Ela exige a abordagem realista dos pontos de vista individuais sobre este tema.

A igualdade categorial das partes no diálogo das religiões – não o respeito por sua dignidade pessoal – é a base do reconhecimento da verdade em geral e faz que se torne tema. Se estivermos empenhados nela, então gostaríamos também de reconhecê-la. Mas o diálogo serve entre outras coisas também a este objetivo. Ele pode ser o caminho para alcançá-lo.

Há critérios para a verdade. Ela não se esgota na exclusão de opostos – por exemplo com auxílio do princípio aristotélico da contradição: duas afirmações que se contradizem não são ambas verdadeiras, de modo que uma afirmação não cristã que se opõe a uma cristã, deve ser falsa; verdadeira só pode ser uma, portanto a não cristã é falsa.

Absolutismo e pluralidade não podem contradizer-se, mas eles se condicionam. Absoluto é algo que abrange o múltiplo. O múltiplo pode ser assim também o conteúdo do absoluto.

Contudo, os erros contra os quais se volta "Dominus Jesus" são realmente erros, pois na chamada teologia pluralista das religiões confunde-se absolutismo com absolutização e pluralismo com paridade igualitária. Mas um pluralismo fundamental (i. é, metafísico) nada tem a ver com tal confusão, pois ele distingue por princípio o uno e o múltiplo, mas quando coincidem quer atingir uma nova unidade por meio de nova distinção. Esta teoria está muito longe de ameaçar a missão da Igreja. É inclusive seu pressuposto. Pode acontecer que temas relativistas sejam pluralistas. Mas a conclusão inversa de que temas pluralistas sejam por isso relativistas não procede. Mostrei que não o são e nem podem ser.

Problema semelhante ocorre em outras teorias. Os marxistas defendem teorias marxistas. Mas a conclusão inversa de que aqueles que defendem teorias marxistas sejam necessariamente marxistas é falsa. Reforço disso é o n. 28 da Constituição Pastoral "Gaudium et spes".

Mas o diálogo das religiões não gira em torno do princípio de contradição. Existe nele sem dúvida este princípio, mas também muitos outros problemas. A igualdade categorial de afirmações contraditórias no sentido de que ambas podem ser verdadeiras ao mesmo tempo não é aceito por ninguém, por razões lógicas.

Mas existe a suposição e a possibilidade de ambas serem falsas ao mesmo tempo. É preciso deixar bem claro o que alguém afirma e o que não afirma. Pode-se falsificar afirmações.[92] O diálogo das religiões serve a esta finalidade no plano da verdade. Ele não confronta pontos de vista opostos, mas gostaria de constatar as falsidades do próprio ponto de vista na relação com o alheio e excluí-las. Neste sentido, semelhante diálogo faz avanços também dogmaticamente.

Além das fontes teológicas que ele omite, o documento romano não faz sobressair a possibilidade da falsificação dos pontos de vista próprios.

Mas, logicamente considerada, esta é a base do diálogo. Ela não só torna constatável a verdade, mas também convincente. Abre perspectivas e lhe traça o caminho. Ela torna os diálogos missionários e faz com que a missão seja dialógica. A possibilidade de falsificação de pontos de vista é a base do trabalho dialógico e missionário.

O projeto pluralista da teologia rejeita o relativismo que acha que nenhum particular pode ser portador de uma verda-

---

[92] Cf. para a metodologia desse procedimento na teologia, Jürgen Lohmayer, *Frege, Popper und die Theologie. Objektive Erkenntnis bei Jon Sobrino.* Frankfurt, 2005 (Würzburger Studien zur Fundamentaltheologie 32) entre outros.

de geral, ninguém pode responsabilizar-se pela outra coisa em sua afirmação. Talvez tenha esta pretensão, mas não a realiza jamais.

Fato é que a universalidade e a pluralidade são dados angulares do pensar em geral.[93] São os princípios mais gerais da metafísica, pois universalidade sem particularidade não é universal, e a particularidade sem a universalidade não pode afirmar-se em sua própria ineludibilidade – como algo particular – mas renuncia a si mesma como particular. Quem nega à religião particular significado e importância no sentido mais geral da palavra – pois as duas coisas significam universalidade – desconhece não só o próprio conceito de religião – ela é uma forma do espírito absoluto – mas enterra também a própria pretensão de seu diálogo das religiões. Ela se torna sem sentido, pois não confirma nenhum de seus adeptos, mas afasta-os de si. Sob este prisma, Hegel chama a religião de forma subjetiva do espírito absoluto. Com base em tal insignificância, também o diálogo das religiões torna-se sem sentido; pois não possibilita nem promete nenhum progresso no conhecimento da própria verdade. Para empregar novamente a terminologia de Hegel, não poderia ser forma subjetiva e menos ainda absoluta no trato das coisas do absoluto. Neste caso não teriam significado universal nem a religião, nem seu diálogo e nem mesmo os resultados que nele

---

[93] Cf. para este ponto de vista a pergunta de Bertrand Russell "se a divisão dos objetos metafísicos em duas classes, isto é, universais e indivíduos, é fundamental ou se existe uma possibilidade de superar este dualismo. Na minha opinião, é fundamental". In: idem, *Die Philosophie des logischen Atomismus. Aufsätze zur Logik und Erkenntnistheorie* 1908-1918. München, 1979, 83.

se alcançam. Talvez fossem interessantes como história das religiões, mas sob uma ótica exclusivamente humana e secular, sem qualquer apelo maior. Por isso também se poderia ignorá-los.

O documento romano volta-se com razão contra o relativismo. Condena com bons fundamentos a separação entre divindade e humanidade de Jesus, segundo a qual Deus, mas não o homem, seria o portador da salvação universal do mundo em seu todo.[94] Consequentemente intenta contra a necessidade de salvação da Igreja no seguimento de Jesus para as pessoas.

Um projeto pluralista de teologia em geral deve não só lamentar que ele identifique pluralismo e relativismo, sem levar em conta a própria tradição do pluralismo, que deve representar e mesmo encarnar. Pode-se depender da universalidade salvífica da humanidade de Jesus com base na primazia da unidade defronte a multiplicidade e uma supraordenação e subordinação hierárquica de ambas, mas perde então de vista toda a perspectiva alheia no trato com outras religiões e deve omitir um fato fundamental da Cristologia: Cristo, o Filho do Homem, é um entre muitos. A consequência dessa omissão torna-se evidente no ensinamento de "Dominus Jesus" sobre uma pertença salvífico-necessária à Igreja, pois ele a fundamenta através da ordem divina e não através do próprio evento salvífico. Com isso vinga-se a inqualificação de suas afirmações sobre o Reino de Deus e a total exclusão da Eclesiologia do povo de Deus com relação ao Vaticano II.

A máxima muito antiga "extra ecclesiam nulla salus", que é aduzida erroneamente no mundo inteiro como um exclusi-

---

[94] Cf. "Dominus Jesus", n. 9s.

vismo assustador, tem um sentido universal. Pois fora do povo de Deus, cuja reunião visível é a Igreja, mas à qual pertencem também não cristãos, é impossível a salvação. Em sentido rigoroso, ela é exclusiva.

A falha de "Dominus Jesus" é que ela não faz eco ao Vaticano II e também não o toma como sua fonte. Caso contrário, teria realçado a eclesiologia plural desse Concílio – pois ele promulgou não uma, mas duas Constituições sobre a Igreja – aproveitando literalmente a passagem da Constituição Pastoral que diz: "Por isso, o Concílio, testemunhando e expondo a fé de todo o povo de Deus congregado por Cristo, não pode demonstrar com maior eloquência sua solidariedade, respeito e amor para com toda a família humana à qual esse povo pertence, senão estabelecendo com ela um diálogo sobre aqueles vários problemas [...]. É a pessoa humana que deve ser renovada" (GS, n. 3).

Esta passagem é determinante para o diálogo das religiões no sentido do acontecimento da verdade. O diálogo pode ser missionário porque tematiza o peso secular da religião, sua iniciativa para a salvação da pessoa humana e para a construção de uma sociedade justa.

Na chamada teologia pluralista das religiões, ambas as coisas tornam-se problema, pois ela se limita, na teologia, às religiões. A questão do ateísmo não é nenhum tema para ela.[95] Muito menos a religiosidade arcaica.[96]

---

[95] Cf. Perry Schmidt-Leukel, *Grundkurs Fundamentaltheologie. Eine Einführung in die Grundfragen des christlichen Glaubens*. München, 1999, 186.

[96] Cf. John Hick, *Religion. Die menschlichen Antworten auf die Frage nach Leben und Tod*. München, 1996,. 35s.

Fundamento de seu conceito de pluralidade é a ordem social liberal, com a garantia da liberdade religiosa para a sociedade global e do relativismo na questão da verdade. O Concílio é abertura, no entendimento do magistério católico, com a chamada teologia pluralista da religião.

5. Identidade e diálogo

Ser cristão no pluralismo das religiões mundiais

No encontro entre as religiões sempre existe o problema da linguagem. Como deve ser entendido o quê? O que designa quem, com que expressão? Palavras idênticas podem ter um significado bem diferente. Muitas vezes alguém diz uma coisa, mas o outro não entende o que quer dizer. Ou pior ainda: ele acha que aquele tenha dito o contrário do que realmente disse. A linguagem é por conseguinte um problema. Não se pode solucioná-lo sem o próprio encontro.[97]

Com este problema luta toda expressão de linguagem. A teologia tem muita história sobre isso. Não existe nela uma única palavra que já não tenha significado o contrário daquilo que ela significa em si.

---

[97] Edição revista de Christliche Identität im Pluralismus der Religionen. Probleme und Perspektiven aus der Sicht des Zweiten Vatikanum. In: Elmar Klinger (ed.), *Gott im Spiegel der Weltreligionen. Christliche Identität und interreligiöser Dialog*. Regensburg, 1997, 111-125.

Este problema linguístico existe inclusive no emprego da palavra "Deus". Este nome é o exemplo típico do emprego contraditório. Ninguém deve supor que a palavra é entendida do mesmo modo em toda parte, mas ao contrário: já foi empregada de forma a designar genericamente tortura, doença ou dominação. No Terceiro Reich podia empregar-se a palavra providência para justificar a ditadura e a guerra.

A teologia atual é especialmente desafiada por este problema da linguagem. Karl Rahner disse certa vez: "Felizmente, aquilo que a maioria entende por Deus não existe". Ele chama a palavra de metáfora cega. Kurt Marti fala de uma paixão da palavra Deus. Chama-a de metáfora vazia, uma proletária da linguagem.[98] Diz também: "Não conheço nenhuma profissão de fé de uma confissão cristã cuja frase principal e central seja: 'Deus é amor' (1Jo 4,8.16). Também assim se parece a história da Igreja e da confissão".[99] Friedrich Nietzsche acha que o tipo Deus se orienta pelo tipo ser humano. Dize-me que pessoa és e eu te direi que Deus tens.[100]

---

[98] Cf. Kurt Marti, *Abendland. Gedichte*. Darmstadt, 1980.

[99] Kurt Marti, *Zärtlichkeit und Schmerz. Notizen*. Darmstadt, ⁴1980, 120.

[100] Cf. por exemplo Antichrist, Aphorismus 16. In: *Friedrich Nietzsche Werke*, vol. III. Ed. por Karl Schlechta. Reimpressão da sexta edição revista (1969). Passau, 1981, 622. Cf. também Elmar Klinger, Nietzsche und die Theologie. Sein Wort vom Tode Gottes. In: *Zeitschrift für katholische Theologie* 107 (1985), 310-318, bem como Rainer Bucher, *Nietzsches Mensch und Nietzsches Gott. Das Spätwerk als philosophisch-theologisches Programm*. Frankfurt, 2ª edição ampliada, 1993 (Würzburger Studien zur Fundamentaltheologie 1).

No encontro entre as religiões ocorre este problema de modo ainda mais acentuado. Entre elas não há nenhuma base para um emprego comum da palavra Deus. Talvez o exemplo mais recente dessa dificuldade esteja na Declaração do Parlamento das Religiões Mundiais, de 4 de setembro de 1993, em Chicago.[101] Este Parlamento conseguiu em sua Declaração concordar sobre princípios éticos, mas não sobre Deus. Este nome não aparece na Declaração.

Hans Kung refere-se a isso num comentário por escrito: "Se quisermos incluir numa Declaração sobre o Ethos mundial *todas* as religiões, ou ao menos não excluir nenhuma importante, temos de renunciar à denominação Deus. Isto ficou claro para mim desde o começo, por mais que fosse contra a minha vontade fazê-lo como teólogo cristão. 'Em nome de Deus, do todo-poderoso, do criador do céu e da terra' teria sido mais fácil argumentar com referência a normas válidas incondicionalmente. Mas então teríamos que prescindir do *budismo*, uma das maiores religiões do mundo".[102]

Esta decisão dá muito que pensar. Mas não é tão espantosa como parece à primeira vista, pois existe o problema da linguagem de nomes, conforme já indiquei: Muitos estudos já o revelaram. Mas ele atinge também a própria religião. Cabe então a pergunta: existe religião sem Deus, e como se relaciona Deus com a religião em geral?

Aparentemente esta pergunta não é problema para o budista. Ele responde de modo afirmativo a primeira parte, de

---

[101] Cf. Hans Küng, Karl Josef Kuschel (ed.), *Erklärung zum Weltethos. Die Deklaration des Parlaments der Weltreligionen.* München, 1993, 19-42.
[102] *Ibidem*, 69-70.

modo que não precisa responder a segunda parte. Mas para o cristão, ela é um verdadeiro desafio, pois, em sua tradição, a primeira parte é evidentemente negada, e a segunda permanece um problema duradouro que recebe sempre novas considerações. Ela é o problema da identidade de sua religiosidade. Desde a Antiguidade até o Iluminismo e no presente ela é definida a partir de Deus e com vistas a Deus.

Cícero, em sua obra *De natura deorum* (Sobre a natureza dos deuses), diz da religião que ela é a observância cuidadosa de tudo aquilo que faz parte do culto aos deuses. Agostinho interioriza este conceito e chama de verdadeira religião aquela pela qual a alma se une ao único Deus. Tomás de Aquino a chama de virtude do culto divino. No Iluminismo, a religião da razão consiste no culto do único Deus. Ela é monoteísmo e, por isso, inconciliável com um pluralismo de religiões que seriam inevitavelmente politeístas.

Esta aporia também domina ainda as discussões mais recentes sobre a teoria pluralista da religião. Cito as obras de John Hick, *God and the Universe of Faiths. Essays in the Philosophy of Religion* e *Problems of Religious Pluralism*,[103] bem como a obra de Paul F. Knitter *Ein Gott – viele Religionen. Gegen den Absolutheitsanspruch des Christentums.*[104] Também esta literatura faz da religião um tema a partir de Deus. Mas

---

[103] John Hick, *God and the universe of faiths. Essays in the philosophy of religion*. Reimpresso com novo prefácio. Houndmills 1988; idem, *Problems of religious pluralism*. New York, 1985; Paul F. Knitter, *No other name? A critical survey of Christian Attitudes toward the world religions*. London, 1985.
[104] München, 1988.

ela tira outra conclusão da tradição em que se encontra. Ela acha que pelo fato de não se poder fazer nenhuma afirmação exaustiva sobre Deus, não é possível fazer nenhuma do todo. Não haveria nenhuma verdade com pretensão de absoluta. Seria necessariamente relativa.

Mas também esta literatura e sua concepção encontram-se diante do problema hermenêutico. O que entende por Deus e por religião? O que é um ponto de vista cristão? E o que significa afinal pluralismo? Significa o mesmo que relativismo ou significa relacionalidade?

O ponto central de nosso tema é a pergunta colocada por último, pois ela soa assim: identidade e diálogo. Ser-cristão no pluralismo das religiões do mundo.

5.1. O pluralismo é o fundamento do novo pensar sobre Deus. Perspectivas da fenomenologia religiosa

As palavras são muitas vezes eco e fumaça. Mas podem também transformar o mundo. Têm conteúdo performativo. Elas exigem respostas e assinalam um comportamento determinado.

A palavra "Deus" tem esse caráter. Não se pode empregá-la aleatoriamente, pois pode significar muita coisa. Ela diz tudo e às vezes também não diz nada. Pode-se empregá-la neste ou naquele sentido. Mas é sempre empregada por alguém. É empregada sempre por este ou aquele para dizer alguma coisa sobre a realidade como um todo. Por isso pede-se cautela no emprego dessa palavra. Ela tem seus aspectos perigosos. Por essa razão o budismo a rejeita totalmente, pois pode despertar uma representação da realidade que não é nenhuma realidade. Nesse caso fazer passar ao lado da realidade, representa um erro.

Também o Antigo Testamento conta com seu uso errôneo. Pode-se empregar o nome Javé de tal forma a não significar Deus, mas um ídolo. Existe o Javé-ídolo, o bezerro de ouro. Há a proibição de imagens. Proíbe o uso desse nome em geral. Não se deve profaná-lo. E existe o segundo pedido do Pai-nosso: santificado seja o teu nome. Em Ezequiel diz Deus: Profanastes o meu nome entre os povos, pois glorificastes com ele a injustiça e me fizestes escárnio das nações.

Esta constatação empírica é um critério do emprego autêntico do nome de Deus no sentido da Bíblia. Especialmente a Teologia da Libertação realça seu contexto linguístico e empírico. Para ela o problema não é a pergunta sobre Deus ou não-Deus, portanto o ateísmo, mas a pergunta sobre o verdadeiro e falso Deus, sobre Deus e ídolos. Neste sentido escreve Ronaldo Muñoz: "Visto assim, torna-se claro que a verdadeira pergunta teológica para nós não é se Deus existe, mas qual é o Deus verdadeiro, que nosso 'problema Deus' não é tanto o ateísmo, e muito mais a idolatria. Para nós não se trata apenas se Deus existe ou não, mas sobretudo de saber que Deus é este que existe, como podemos conhecê-lo ou reconhecê-lo, como se torna presente em nossa vida e como interfere em nossa história, e como podemos satisfazê-lo com nossa atitude fundamental, com nossa práxis concreta, pessoal e coletiva. Neste sentido sentimo-nos mais próximos da práxis religiosa do povo da Bíblia do que das sociedades 'secularizadas' de hoje no Primeiro Mundo, respectivamente da maneira como a teologia atual nos países do Atlântico Norte interpreta e procura responder àqueles desafios".[105]

Esta contextualidade do emprego do nome de Deus é nova na teologia, mas ela a ajuda num novo pensar sobre Deus. Ela é empírica, histórica e plural. Está em franca oposição ao platonismo. Pensa de modo diferente a unidade e a multiplicidade. Na tradição platônica, a multiplicidade é determinada pela unidade e dela derivada. Provém dela e volta para ela. Comportam-se como a parte e o todo. O múltiplo é subordinado ao único, o único está acima do múltiplo e deve também comandá-lo. O uno é o bem, o múltiplo porém o mal, pois cria desordem e significa caos.

No modo de pensar novo, a relação é inversa. O múltiplo vem antes da unidade, a parte antes do todo. A unidade encontra o múltiplo e o múltiplo pode tornar-se unidade. Ele é o fundamento da unidade. O múltiplo é o outro do qual ela provém. Ela só pode desenvolver-se no outro.

O pluralismo não ameaça ninguém com base nesse novo pensar. Ao contrário, é o convite a um e a outro de se mostrarem respectivamente como ele ou ela mesmos. Ele é cheio de tensão porque abrange o um e o outro. É libertador porque pensa a partir do outro e não o submete ao um. É enriquecedor porque se multiplica. Diz uma célebre frase de Whitehead: "The many

---

[105] Ronaldo Muñoz, *Der Gott der Christen. Gott der sein Volk befreit.* Düsseldorf, 1987, 24s.

become one, and are increased by one".[106] O pluralismo é visionário porque abrange o vindouro. É criador porque conta com o novo. É um processo porque se aperfeiçoa e cria polaridade. É um dado metafísico, pois sem ele não existe nada. É além disso uma tarefa ética, pois obriga o um a entender-se a partir do outro, e o outro a relacionar-se com o um. Ambos estão em interdependência e podem proporcionar-se existência mútua. O pluralismo pertence à sua essência. Ou existe o múltiplo ou não existe nada. O pluralismo força também o reconhecimento do outro. Podemos relacionar-nos com ele e nos tornar alguém ou nos afastarmos do outro e deixarmos então, nós mesmos, de ser alguém que o encontra e que é confirmado por ele. Mas neste processo de reciprocidade, o pluralismo é também história, pois o relacionamento se desenvolve. É uma evolução temporal: tem um passado, aponta para o futuro, mas é decisivo no presente.

Com base no pluralismo, o próprio pensar sobre Deus torna-se novo. Ele mesmo se torna um acontecimento histórico. Só no contexto do um e do outro, do interior e do exterior, da parte e do todo, Deus é verdadeiramente Deus. Pois Deus e o mundo se relacionam como o um e o outro. O mundo é o outro de Deus, que ele cria, com o qual se conforma e em relação ao qual age. E Deus é o outro do mundo. Este está face a face com Deus. No mundo, o ser humano deve relacionar-se

---

[106] Alfred N. Whitehead, *Process and Reality. An Essay in Cosmology.* Edição corrigida. Editada por David R. Griffin e Donald W. Sherburne. New York, 1978, 21. Cf. também Hans-Joachim Sander, *Natur und Schöpfung – die Realität im Prozess. A.N. Whitehead Philosophie als Fundamentaltheologie kreativer Existenz.* Frankfurt, entre outros, 1991 (Würzburger Studien zur Fundamentaltheologie 7).

como Deus. Ambos são um para o outro um desafio ético. Estão referidos metafisicamente um com o outro e se encontram na história. O pluralismo é o fundamento do neoteísmo. Pois toma o outro a sério e não se pode desenvolver em oposição a ele, mas através dele.

A religião é um fenômeno pluralista. Ela existe sob diversas manifestações. Faz do próprio outro um tema, pois ele não só existe e está à disposição, mas é também inatingível e pode fascinar. Assusta e torna feliz. Tem a aura do numinoso e encarna a santidade.

A fenomenologia religiosa ocupa-se dessa manifestação. Seu tema são as propriedades do numinoso, pois tudo o que existe pode ser portador do sagrado. Existe o místico *fascinosum, tremendum et augustum* das coisas. Elas são plural e lugar da manifestação da religião sob diversas formas. Portadores do sagrado são o mar, as montanhas e as estrelas, mas também acontecimentos e pessoas e, de modo especial, o poder. Aos fenômenos da religião pertence não só a religião constituída. Mas coloca-se antes a pergunta: em que sentido a religião constituída é ela mesma religião? Em que sentido é portadora do numinoso e leva a santidade a manifestar-se?

A fenomenologia religiosa é uma das perspectivas do pluralismo da religião e pertence aos fundamentos de um novo falar sobre Deus. Ela torna aberto este falar e lhe dá um caráter específico. Mostra *em primeiro lugar* que a religião não se define naturalmente a partir de Deus, como supõe a tradição ocidental. Ele não é para a religião nem o primeiro, nem o único fenômeno. Ela não se torna tema só a partir dele, mas inversamente ele se torna tema a partir dela. Mas a partir dela ele é um tema relativamente tardio. Ela não o aborda desde o começo. Por isso dizem os fenomenólogos da religião: Deus é um temporão da historia das religiões. *Em segundo lugar*, a religião é um fenômeno secular. Ela não se limita ao esotérico. Nós a encontramos em toda parte na sociedade. Às vezes está institucionalmente ancorada, mas ela existe também pairando livremente. Pode até ser um fenômeno do mal, pois o mal fascina e assusta. Pode tornar feliz. Daí a pergunta: como este pluralismo pode abrir uma perspectiva para o falar sobre Deus? *Em terceiro lugar,* o cristianismo não é uma religião absoluta no sentido fenomenológico-religioso da palavra. É, antes, a mensagem do absoluto de Deus na religião e em relação à religião, pois não pode confundir Deus consigo mesma. Deve abandonar a equiparação de si mesma com tudo em geral e fazer do que é diferente dela – da pluralidade – o ponto de partida da reflexão sobre si mesma, da reflexão sobre a verdade de Deus, do ser humano e do mundo.

Por isso a pergunta: como pode o cristianismo encontrar Deus no outro? O diálogo é missão essencial dessa religião.

5.2. O pluralismo é formado de identidade. Ele representa a unicidade de Deus

A tradição platônica tem grande influência sobre o pensamento ocidental e domina ainda em seus prolongamentos do Atlântico Norte. Seus representantes identificam religião com Deus e precisam negar-lhe competência em geral lá onde se recusa esta equiparação. Torna-se assim algo apenas aleatório e que não pode reivindicar nada. Não tem nenhuma identidade ou conduz a uma falsa.

Na tradição ocidental, entende-se a religião politicamente. Ela é religião do Estado, um culto dos deuses. Quem não os venerar como Sócrates ou os primeiros cristãos, ela os chama de ateus. Esta concepção de religião orienta-se politicamente pelo culto do Estado, mas metafisicamente pela doutrina das ideias de Platão. O bem supremo é sua ideia suprema. Tudo aspira a ela. Ela é o uno, que exclui todo o mais. Todo o mais depende dela e está subordinado a Ela. A multiplicidade não contribui em nada para a constituição da própria identidade.

Karl Popper chama Platão de inimigo da sociedade aberta em seu livro, sempre ainda merecedor de ser lido *Der Zauber Platons*,[107] pois Platão rejeita não só os direitos da pessoa em geral e os da liberdade religiosa em particular, mas é um teórico da Inquisição. Ele justifica o assassinato de Sócrates. Um rasto sanguinolento de violência perpassa a tradição de seu pensar.

Platão é religioso, mas nem por isso a religião é platônica. Pois seu tema central não são os deuses e o culto, mas o sagrado. Deus se manifesta em sua santidade. Seu poder pode manifestar-se em geral só através dela.

A religião mostra-se plural. Mas é também pluralista em sua natureza. Ela se ocupa com o outro e com os outros. Deus é um Deus do totalmente outro dele. É o Deus do pluralismo. Não pode ser Deus sem ser o um que se relaciona com todo o outro. Por isso, o outro é para ele um desafio ético. Neste

---

[107] Cf. Karl Popper, Die offene Gesellschaft und ihre Feinde. Vol. 1. *Der Zauber Platons*. Tübingen, 2003.

sentido, o pluralismo cria identidade. Ele abre o olhar para a unicidade de Deus.

Uma base universal e mais abrangente do comportamento ético é a regra de ouro. Ela se encontra em todas as religiões. Nela todos podem entender-se, pois tem a mais ampla difusão. Foi cunhada de forma diversificada, mas encontra-se tanto no círculo cultural ocidental quanto no oriental. Tem grande importância para o diálogo inter-religioso. Existe inclusive na América o International Golden Rule Committee.[108] Serviu de padrinho para o imperativo categórico de Kant. O Parlamento das Religiões Mundiais fez dela o princípio de sua declaração sobre o ethos mundial. Ela existe em formulação positiva e negativa. Positivamente: "Fazei aos outros o que quereis que eles vos façam"; e negativamente: "Não façais aos outros o que não quereis que eles vos façam".

Mas pode-se empregar a regra de ouro também num sentido bem diverso. Ela aparece então também de um modo bem diferente do ponto de vista histórico. Mas tem caráter de formador de identidade, pois todo aquele que cria algo torna-se criador. Quem cura é um médico, quem constrói casas é arquiteto. Quem se abre a um outro torna-se ele mesmo um outro. Na medida que alguém dá, também lhe será dado. Pode desenvolver-se na medida em que trava relações com o outro. Onde alguém se perde nele, o outro torna-se ameaça. Mas constitui identidade onde alguém se relaciona com ele. Só então pode ele ou ela encontrar sua própria identidade nele.

---

[108] Cf. Heinz-Horst Schrey, verbete "Regel, goldene I. Antike bis Aufklärung". In: *Historisches Wörterbuch der Philosophie* 8 (1992), 450-457, aqui 450.

Isto vale sobretudo com relação a Deus no sentido mais alto. O pluralismo abre para a unicidade de Deus primeiramente a perspectiva, pois entre o múltiplo que existe ele é único. Ele é o único que se relaciona com tudo, em geral, em sua unicidade. Ele criou tudo e por isso é o criador. Ele pode salvá-lo, por isso é o libertador. Ele organiza a vida, por isso é a providência.

A unicidade de Deus tem um sentido numérico e ao mesmo tempo qualitativo. Ela lhe é atribuída devido ao seu comportamento, não só devido à sua existência, pois ele é o totalmente outro – o Santo.

É o pluralismo que por primeiro abre o olhar para isso. Pois Deus tem caráter pluralista, especialmente na Bíblia. Ele é invocado e venerado não só com um nome, mas com vários. Ele é o criador. Ele é o vingador. Ele é o pai. Ele é a sabedoria. Ele é o senhor. Ele é acima de tudo o amor.

A tradição platônica faz dessas muitas expressões um sinônimo da ideia do bem em geral e revela assim sua referência empírica e caráter histórico. Na Bíblia, a unicidade de Deus não é um tema metafísico, mas profético. Deus escolhe seu povo. Ele chama pessoas que lhe dão futuro e lhe lembram o passado. Ele mais critica seu povo onde este se ocupa diretamente com ele, isto é, no culto. O povo o transforma num ídolo.

A unicidade de Deus é o desafio simplesmente profético, mas ao mesmo tempo um desafio ético. Com isso, a regra de ouro ganha um sentido especial. E Jesus pôde afirmar realmente no Sermão da Montanha (Mt 7,12) que ela engloba a Lei e os Profetas. Ela vale mesmo que não se use o nome de Deus. Ela representa o "Passivum divinum".

O ser humano deve encontrar-se com o outro ser humano, assim como Deus se encontra com ele. Deve agir como o próprio Deus age. O reconhecimento do direito do outro é um princípio criador. Pode transformar hostilidade em amizade.

A identidade cristã é algo especial. Ela mesma é plural. O cristianismo não conhece apenas um, mas muitos profetas. Não se baseia num Testamento, mas em dois. E um deles ainda pertence também a uma outra religião. O Novo Testamento não tem um evangelho, mas quatro. O cristianismo não consiste só de uma Igreja, mas de muitas. A Igreja Católica não tem só um bispo, mas mais de 2.500. O cânon bíblico compõe-se de muitos livros.

A identidade cristã tem hoje a tarefa de encontrar-se de forma nova neste sentido. Isto só tem êxito através do encontro com o mundo secular e com outras religiões. O Concílio Vaticano II coloca para tanto o fundamento.

5.3. O Concílio Vaticano II.
O projeto do diálogo

O diálogo entre as religiões está no início e apenas começou. Mas é essencial para todas. Alexander von Humboldt disse certa vez: "Eu precisaria viajar pelo mundo todo para aprender a conhecer-me". Isto vale também para as religiões. Ninguém pode entendê-las se não for a seu encontro. Através da religião alheia aprendemos a conhecer realmente a nossa própria.

No Vaticano II a Igreja católica deu este salto para frente. Ela interroga a si mesma e pergunta pelas outras. Faz-se as seguintes perguntas: De onde venho? Para onde vou? Quem sou realmente? – Mas ela também pergunta pelo outro: Quem é ele para mim, e quem sou eu para ele?

O Concílio dá uma resposta a ambas as perguntas. À pergunta sobre si mesma na Constituição Dogmática "Lumen Gentium": ela, a Igreja, é o povo de Deus em Cristo. Mas dá também uma resposta à pergunta sobre o outro na Constituição Pastoral "Gaudium et spes": nela, a Igreja se entende a partir do outro. Nada de humano é estranho aos discípulos de Cristo. A Igreja não consegue pois dar expressão convincente à sua própria fé, senão quando se entende a partir do outro, respeita seus direitos, reconhece sua dignidade e trava diálogo com ele.

Isto vale também para outra religião, pois é nela que encontra seu próprio questionamento: "Por meio de religiões diversas procuram os homens uma resposta aos profundos enigmas para a condição humana que, tanto ontem como hoje, afligem intimamente os espíritos dos homens, quais sejam: o que é o homem, qual o sentido e o fim de nossa vida, o que é bem e o que é pecado, qual a origem dos sofrimentos e qual a sua finalidade, qual o caminho para obter a verdadeira felicidade, o que é a morte, o julgamento e a retribuição após a morte e, finalmente, o que é aquele supremo e inefável mistério que envolve nossa existência, de onde nos originamos e para o qual caminhamos?" (NA, n. 1).

A humanidade coloca também à própria Igreja estas perguntas e gostaria de ouvir sua resposta a elas. O Vaticano II toma uma posição diante disso. Ele esclarece: a resposta para a pergunta sobre o mistério último da existência humana é Deus e o próprio Cristo. Eles desvendam a verdade última do ser humano. Eles são o mistério mais profundo de nossa existência. "Todo aquele que segue Cristo, o Homem perfeito, torna-se ele também mais homem" (GS, n. 41).

Nesta base a Igreja católica realiza o diálogo com as outras religiões. Ela reconhece seu valor próprio. Não rejeita nada daquilo que elas têm de verdadeiro e sagrado. Pois elas são a religião das outras pessoas.

Verdade e procura da verdade não são nenhuma contradição, pois quem possui a verdade deve também procurá-la. E quem a procura também já sabe a respeito dela e pode encontrá-la.

Não existem antolhos ideológicos no diálogo. Os adversários da Igreja são para ela especialmente importantes, até mesmo imprescindíveis. O Concílio assim se manifesta: "Inclusive a oposição de seus adversários, diz a Igreja, foi para ela muito útil e continuará sendo" (GS, n. 44).

O Vaticano II criou uma identidade cristã do diálogo criativo. Quer um intercâmbio criativo. Opõe-se à tentativa de levar adiante a tradição ocidental e seu platonismo. Rompe com ele. Isto acontece sobretudo em sua atitude para com a religião própria e alheia. Ela suprime política, metafísica e também conceitualmente sua equiparação tradicional com a questão sobre Deus.

Politicamente acontece esta mudança no documento sobre a liberdade religiosa que reconhece este direito humano a todos os membros de cada religião e recusa qualquer religião estatal, principalmente por parte da religião católica. Para Espanha e Portugal principalmente, mas também para outros países esta recusa foi quase uma revolução.

Metafisicamente, a mudança está contida no documento sobre a Igreja, porque lá é reconhecida uma relação com Deus não só aos membros das religiões, mas também às pessoas não religiosas. Cada pessoa que segue sua consciência pode alcançar a salvação por caminhos que só Deus conhece.

Esta mudança alcança o nível mais profundo no plano conceitual na Declaração "Nostra Aetate" sobre a relação da Igreja com as religiões não cristãs. Ali a pergunta sobre Deus é riscada do conceito de religião. A religião é a procura de uma resposta ao insolúvel enigma da existência humana (cf. NA, n. 1). Com base nesse conceito de religião é possível entender as religiões por si e reconhecê-las em seus valores. A Igreja católica não rejeita nada do que há de "verdadeiro e santo" nelas (NA, n. 2).

O Concílio menciona expressamente o hinduísmo e o budismo, bem como o islã e o judaísmo. Dedica-se especialmente ao judaísmo, porque está mais ligado espiritualmente ao cristianismo. É a única religião com a qual o cristianismo tem uma Escritura em comum e aquela que mais teve de padecer sob a tradicional identidade do cristão na Europa. O Concílio declara os judeus livres de uma culpa coletiva na morte de Jesus e condena o antissemitismo. Faz sua declaração sobre o judaísmo no contexto de sua posição entre as religiões não cristãs e atesta com essa limitação sua identidade.

O diálogo inter-religioso está ainda no início. Mas possui dados basilares. *Em primeiro lugar,* fazem parte dele o encontro pessoal, o aprender a conhecer-se melhor, a permuta recíproca. *Em segundo lugar,* as religiões são parte do único mundo pelo qual têm responsabilidade espiritual e secular.

Não podem limitar-se à transmissão de sua tradição. Novas perguntas exigem novas respostas. – Os problemas da humanidade não são nenhum apêndice, mas um tema central da religião e de seu diálogo. *Em terceiro lugar,* persiste um desafio linguístico. É objetivo do diálogo a transferência recíproca das formas próprias de expressão. Devem ser empregadas na maneira própria de ver. Da compreensão faz parte a comunicação idiomática.[109] É possível afirmar de Cristo que ele é o Brahma do mundo?[110] O Concílio coloca a teologia diante de novas tarefas. Ela precisa aprender a falar de modo novo de Deus. A Igreja precisa de uma teologia profética.

---

[109] Cf. para isso Michael Pflaum, *Deleuze's Differenzdenken und die Idiomenkommunikation. Eine neue Perspektive der Theologie.* Frankfurt, entre outros, 1998 (Würzburger Studien zur Fundamentaltheologie 21).

[110] Ver Elmar Klinger, Auf der Suche nach dem wahren Selbst. Christologische Einsichten in buddhistische Fragestellungen. In: Andreas Bsteh (ed.), *Christlicher Glaube in der Begegnung mit dem Buddhismus.* Mödling: St. Gabriel, 2001, 301-318.

6. Religião e ethos mundial

Observações a um projeto liberal

O que têm em comum o Papa e Hans Küng? Esta pergunta não quer ser irônica. Os dois concordam, sem dúvida, em muita coisa. Há um dissenso na questão sobre a verdade de afirmações da religião. Hans Küng pretende atribuir-lhe esta qualidade só num sentido bem restrito e sofre por causa de seu ponto de vista sanções de Roma. Mas tanto o Papa quanto ele coordenam fundamentalmente entre si religião e ethos. Permanece um dissenso em algumas questões das encíclicas de cunho moral. Contudo, Hans Küng afirma com muita ênfase que a religião tem uma tarefa ética a cumprir.[111]

---

[111] Inicialmente publicado em: *Wort und Antwort. Zeitschrift für Fragen des Glaubens* 44 (2003), cad. 4. Religionspluralismus und Wahrheit, 174-177.

6.1. O projeto

Küng teve participação decisiva na elaboração de uma Declaração do Parlamento das Religiões Mundiais em Chicago, em 1993, e expôs sua interpretação do ethos mundial num *statement* diante da assembleia geral da ONU em Nova Iorque, aos 3 de novembro de 2001. Ele acha que as religiões do mundo descobriram novamente "que suas afirmações éticas apoiam e aprofundam aqueles valores éticos seculares que estão contidos na Declaração Universal dos Direitos Humanos".[112] Princípio desse ethos das religiões é o preceito básico: "Toda pessoa – seja homem ou mulher, branco ou de cor, rico ou pobre, jovem ou velho – deve ser tratada humanamente".[113] Em todas as religiões é aceita a regra de ouro da reciprocidade: "Não faças aos outros o que não queres que eles te façam". A partir dela é possível desenvolver na época da globalização o ethos global de uma cultura da não-violência, da solidariedade, da tolerância e da igualdade de direitos.

Religião e cultura se interpenetram em todos os planos da vida. Por isso vale para a era da globalização: "Nenhuma paz entre as nações, sem paz entre as religiões. Nenhuma paz entre as religiões, sem diálogo entre as religiões. Nenhum diálogo entre as religiões, sem padrões éticos globais. Nenhuma sobrevivência de nosso globo em paz e justiça, sem um novo paradigma de relações internacionais com base em padrões éticos globais".[114]

---

[112] Hans Küng, *Wozu Weltethos? Religion und Ethik im Zeichen der Globalisierung. Im Gespräch mit Jürgen Hoeren*. Freiburg 2002, 7s.

[113] *Ibidem*, 8.

[114] *Ibidem*, 9.

Este projeto de representantes importantes das religiões atuais traz esperança. Também obteve grande repercussão na mídia, pois na verdade cada cultura se baseia na religião. Por isso o antagonismo das religiões co-determina o conflito entre as culturas. Apesar de várias objeções, Küng se vê aprovado em princípio através da análise de Samuel P. Huntington. O projeto ethos mundial ganha com esta análise especial plausibilidade: nenhuma paz entre as nações, sem paz entre as religiões.

A Declaração do Parlamento das Religiões Mundiais consiste de um cânon de obrigações que pretende ser um aprofundamento e confirmação da Declaração dos Direitos Humanos, da ONU, de 1948. Minha primeira observação a este projeto refere-se à importância dada aos direitos humanos na religião. Existem queixas quanto a isso e quanto a seu cumprimento nas religiões. Eles têm um caráter secular e colocam assim a religião diante da pergunta sobre sua relação com o não-religioso em geral: conseguem as religiões aceitar em sua declaração o não-religioso como está, ou significa o cânon de obrigações sua cobrança posterior? Se o cânon não quiser ser isto, então os direitos têm de obrigar por si mesmos e não através da tomada de posição da religião. Por isso deve-se exigir do ethos mundial que formule seus princípios num sentido inverso: nenhuma paz entre as religiões, sem paz entre as nações. Nenhuma paz entre as nações, sem diálogo entre os representantes mais importantes das nações. Nenhum diálogo entre os representantes, sem reconhecimento de padrões ético globais em seu diálogo. Nenhuma sobrevivência na paz e na justiça, sem um relacionamento internacional com base neste fundamento.

6.2. Observações

Uma inversão dos princípios no estabelecimento da relação entre religião e cultura parece-me indispensável, se forem levados em conta os dados históricos, e se as religiões não forem cobradas demais. O fim da Guerra dos Trinta Anos foi conseguido em bases seculares e não religiosas. A Paz de Westfália não foi reconhecida pela Papa. Mas os direitos humanos são um desafio para cada religião. Não foram inventados por ela nem por ela praticados. Os Papas do século XIX combateram a liberdade religiosa, tanto quanto a liberdade de consciência e de opinião. A queima da viúva na Índia foi abolida não pelos hindus, mas pelos ingleses. Mas como deve uma religião fundamentar eticamente os direitos, se ela mesma não os reconhece nem os pratica? A secularidade e a secularização tecem-lhe críticas e a provocam. A religião está a serviço dos direitos humanos. Não é uma instância que lhes estaria pré-ordenada. Sem respeito pelos direitos do outro, que obrigam também a ela, não pode assumir de antemão uma tarefa ética global no mundo de hoje. Isto exige um salto para frente na atitude para consigo mesma. Ela deveria olhar-se à luz do presente, não o presente a partir de seu ponto de vista. Existem, sim, direitos humanos em sua tradição, mas nem todos, e não constituem critério para ela em parte alguma. O discurso atual sobre a relatividade cultural e a limitação dos direitos humanos não permite esperar coisa boa neste sentido. Pode-se ver também no cânon de obrigações do Parlamento das Religiões Mundiais uma contribuição para que fiquem aguados.

Uma segunda observação sobre o Projeto Ethos Mundial e Religião refere-se ao ethos da religião. As pessoas devem ficar mais humanas. Esta exigência humanitária não faz parte incondicional do cânon ético de cada religião. Ainda está para realizar-se nelas de alguma forma. Há que se corrigir tradições que não a satisfazem nem lhe são apropriadas. A frase do sumo sacerdote de que é melhor que um só morra em vez do povo todo é um julgamento humanitário exatamente para as pessoas de um povo.

Mas será que basta a regra de ouro da reciprocidade para refutar este ponto de vista? Ou pode também justificar o princípio: olho por olho, dente por dente?

Immanuel Kant negou por isso a pretensão dela de ser um princípio geral do correto proceder devido a esta possibilidade. Pois ela legitima não só o proceder justo, mas também o injusto, não só o perdão, mas também a vingança. Kant supera esta aporia com o imperativo categórico: age sempre de tal forma que o motivo que te levou a agir possa ser convertido em lei universal. Age de tal forma que as pessoas nunca sejam meio, mas sempre fim em si mesmas de teu agir.[115]

O imperativo categórico é a base da crítica que Kant faz da religião, pois ela tem a tarefa de realizá-lo, mas historicamente não lhe faz justiça. Cada religião tem uma ética. Mas, a ética é religião? A ética constitui sua norma, mas, em suas manifestações concretas, nenhuma faz justiça a esta norma. E o imperativo categórico, algumas só lhe fazem justiça numa aproximação longínqua. As religiões podem realizar em alguns pontos o imperativo, mas nenhuma o realiza por completo. Elas ficam atrás

---

[115] Cf. Immanuel Kant, *Grundlegung der Metaphysik der Sitten*. Akademie-Textausgabe, vol. IV. Berlim, 1968, 421-431.

dos imperativos aos quais estão obrigadas. Existe também a religião que não é boa. Ela perverte o imperativo: age de tal forma que as pessoas nunca se tornem fim em si mesmas, mas sempre apenas meios de teus próprios fins. Por isso adverte Alfred N. Whitehead: "Em nossa análise da religião não deveríamos ser tomados pela ideia de que ela necessariamente é algo bom. Seria uma ilusão perigosa. Decisiva é sua importância transcendental, e o fato dessa importância fica evidente na relação com a história".[116] Em resumo, ele diz: "A história fornece até os nossos dias um relato melancólico sobre os horrores que podem estar implicados com a religião: sacrifícios humanos e, sobretudo, o morticínio de crianças, o canibalismo, orgias sensoriais, superstições horríveis, ódio entre os povos [...]. A religião é o último refúgio da crueldade humana".[117]

Este lado negro não virou tema no Projeto Ethos Mundial. Ele identifica religião com boa religião. Supõe que grupos fundamentalistas e terroristas a usam mal e que as perversões da religião não pertencem elas mesmas à religião. Mas o terrorismo é um martírio e quer sê-lo. A frase de Jesus: ninguém é bom senão Deus, dá o que pensar aqui. O Projeto Ethos Mundial exclui Deus de seus discursos éticos por razões dialogais – o budismo não pode falar dele. Seu cânon de obrigações tem com isso apenas caráter apelativo.

Deveríamos tomar em consideração a crítica de Bassam Tibi a chamada Declaração Islâmica dos Direitos Humanos. Ele diz que obrigações nem sempre são direitos. Fazem do sujei-

---

[116] Alfred N. Whitehead, *Wie entsteht Religion?* Frankfurt, 1985, 16.
[117] *Ibidem*, 31.

to o subordinado de uma ordem e não o confrontam com ela, de modo que também não pode tornar-se o princípio de uma formação democrática das relações de vida.

Uma terceira e última observação ao Projeto Ethos Mundial refere-se à própria religião. Evita a questão do poder. Mas violência e sagrado, culpa e expiação, sacrifício e reconciliação não estão no centro da religião como religião? Será que seus representantes têm deveras a tarefa e o poder de falar em nome dela? Esta competência também não foi considerada em Chicago. É possível impor direitos numa base mínima de uma concordância ética? Seu consenso é base de discussão e reflexo de opinião, mas não conclusão.

Realmente, o emprego de critérios éticos em todas as religiões do mundo leva a uma luta de orientação. Os grupos fundamentalistas-ortodoxos se contrapõem aos liberais-progressistas. Com exceção do catolicismo, não existe nenhuma instituição que abrange os dois grupos. Se os dois lados defendem os direitos humanos, é uma questão em aberto e bastante improvável. Josemaría Escrivá de Balaguer, o fundador da Opus Dei, disse certa vez que observava os direitos humanos porque o Papa o exigia, mas não que pudesse defendê-los por convicção própria. Com isso corrobora uma tradição que os rejeita, mas não tem nenhuma base para criticá-los. Será que, num caso de conflito, ele os valoriza mais do que prescrições tradicionais? É mais que duvidoso que uma Declaração da ONU possa ser aprofundada ou mesmo imposta com tal atitude. Pois no centro da religião não estão as questões da ética, mas do poder. Ela tem que se entender com a problemática da violência. Seu tema não é a moral de um procedimento qualquer, mas o próprio procedimento. Não se trata de submeter uma ação de representantes de diversas religiões a um julgamento único, mas de impedi-la. Todas as religiões estão muito longe de uma tal comunidade. Estão mais dispostas a justificar as atrocidades de seus próprios membros do que ser solidárias com as reivindicações justificadas dos membros de outras religiões. Os diálogos podem mitigar esta falsa atitude. Ninguém deveria querer impedi-la. Mas é característico que sempre só as minorias dos respectivos países reclamem, enquanto a maioria considera isto supérfluo.

6.3. Um panorama

A questão de pobre e rico, homem e mulher, ordenamento político justo e injusto não é possível respondê-la com o princípio: sê humano com qualquer ser humano. Pois é um problema de divisão e posicionamento do poder. A pergunta é: como é possível mudar essas relações? É notório que no âmbito do Projeto Ethos Mundial não se coloca esta pergunta. Não envolve nenhuma opção. Não atinge nenhuma decisão prioritária – nem para os pobres, nem para as mulheres e nem para os povos subdesenvolvidos.

Contudo a relação com o poder é o religioso da religião. Chama-se a religião de um *mysterium tremendum, fascinosum et augustum,* o mistério nos acontecimentos da vida privada e pública que assusta e fascina e promete felicidade. De Gandhi é a afirmação: Quem acha que política e religião não têm nada a ver entre si, não entende nada de religião.

O Projeto Ethos Mundial deve ser medido segundo esta afirmação. E toma a religião sob o ponto de vista ético. Mas desenvolve ele uma ética da libertação? Ele evita toda questão de poder. Identifica religião com fé. Deixa a determinação do religioso para as religiões dominantes do mundo. Não deixa que religiões tribais se tornem tema.

No Iluminismo chama-se a Igreja de escola da moral. Deve--se entender o Projeto Ethos Mundial neste sentido e afirmar da religião que ela é uma escola cosmopolita da moral? Neste caso o Projeto não seria religioso, nem ético e nem verdadeiro. Seria tão-somente liberal.

7. Anonimato

Uma categoria cristológica de vida não cristã

A pergunta é: as religiões estão presas a uma determinada forma de expressão que elas não podem mudar e devem sempre repetir ou dispõem de muitas linguagens de modo a realizar diálogos entre si e inclusive encarnar um diálogo? Elas possuem potencial dialógico. Não podem esgotar-se no monólogo consigo mesmas. São inventivas e criativas em suas formas de expressão.[118]

Karl Rahner ocupou-se desde o começo com o problema linguístico. O estudo dele perpassa toda a sua obra. Encontra-se especialmente nas contribuições à teologia da palavra. Começa com "Worte ins Schweigen" e "Hörer des Wortes". Prossegue em "Das freie Wort in der Kirche", "Wort und Sakrament", "Zur Theologie der Menschwerdung" até a meditação sobre a

---

[118] Inicialmente publicado em inglês sob o título "Anonymity. A specific sign of God-experience today". In: John Fernandes (ed.), *Karl Rahner – A theologian of dialogue*. Mangalore, 2005, 5-26.

"Wort Gott". A linguagem é um tema central. Coloca a teologia diante da questão hermenêutica e a remete para o problema social, pois ao ouvinte pertence o falante, à palavra livre a compulsão e o medo de dizer alguma coisa, ao sacramento palavras e sinais, à palavra "Deus" a própria experiência de Deus.

Ouvir e falar, dar sinais e interpretá-los, fazer experiências e vivê-las são elementos relacionados em toda parte, mas estão ligados um ao outro especialmente na teologia, nenhum pode ser tema em si sem o outro. O falar de algo indizível, o nome para o que não tem nome, isto os caracteriza. Fala-se de uma coisa da qual não se tem disponibilidade. A indisponibilidade e o conceito dela fazem parte integrante desse conceito.

O comparável é assim expresso por Nietzsche: "Toda filosofia esconde também uma filosofia, toda opinião é também um esconderijo, toda palavra também uma máscara".[119] Ele conhece o silêncio, a prudência da pobreza[120] e diz: "A palavra é uma coisa perigosa e raras vezes é a palavra certa nas ocasiões devidas. Quanta coisa não se deve dizer! E são precisamente as concepções fundamentais da religião e da filosofia que pertencem aos pudendos. São as raízes de nosso pensar e querer, por isso devem ser trazidas à clara luz".[121]

Anonimato, como o entende Karl Rahner na teologia da palavra, significa o silêncio. Caracteriza a situação religiosa do ser humano hoje. Nenhum outro apontamento de seus escritos

---

[119] Friedrich Nietzsche, Jenseits von Gut und Böse, Aph. 289. In: *Friedrich Nietzsche Werke*, vol. III, *op. cit.*, 752.

[120] Friedrich Nietzsche, Nachlass. In: *Friedrich Nietzsche Werke*, vol. IV. Ed. por Karl Schlechta. Reimpressão da 6. edição revista (1969). Passau, 1972, 667.

[121] *Ibidem*, 1045.

despertou maior atenção, foi rejeitado tão decisivamente e foi mais mal-entendido do que este conceito. Um maior entendimento dele é por isso proveitoso e até mesmo necessário, pois torna possível uma teologia secular do ser-cristão. Sobre este fundamento pode afirmar-se secularmente no espectro plural das religiões. Por isso também é fundamental para toda a teologia da religião.

7.1. O ouvinte da palavra

Anonimato é uma expressão que se emprega de modo diverso. Designa fatos. Na maioria das vezes empregamos subjetivamente a expressão. Exemplos são a carta anônima, cujo autor não quer identificar-se, ou a informação anônima, cuja origem permanece desconhecida. Alguém se esconde por detrás do que diz.

Mas a expressão também é usada objetivamente. Significa nesse caso um assunto do autor. Seu nome é conhecido. Mas o autor não quer que lhe seja dada atenção, mas aquilo que ele tem a dizer é o indizível que ele defende. Este anonimato tem o caráter do incógnito. O rei anda entre o povo, mas não quer ser tratado como rei. Ele ocupa a posição especial, mas é um entre muitos. Quer ser pessoa entre as pessoas, não seu governante. Encontra-se frequentes vezes o anonimato no sentido objetivo na literatura. Podemos então afirmar: a minoria dos livros do Antigo Testamento tem indicação de seu autor. "No Novo Testamento, os quatro evangelhos e os Atos dos Apóstolos são escritos anônimos. O mesmo vale – apesar de seu caráter de cartas – para

Hebreus e 1Jo, em todo caso falta nos dois escritos – sem dúvida conscientemente – um prescrito em que o autor se apresenta nominalmente".[122] Para isto existe também um fundamento teológico, ou seja, a reivindicação de validade geral desses escritos. Sua instância sancionadora é o próprio Deus, não uma autoridade humana por mais qualificada que seja. Apoia-se em Deus, que se encontra desconhecido entre os seres humanos. Não é o escrito que quer falar, mas trazer a palavra de Deus – também a literatura moderna conhece este procedimento. Ela fala diretamente da morte do sujeito na autoria de obras.[123] Além disso é egocêntrico na literatura mística, algo que se deve vencer, até mesmo matar. Se encontrares um Buda – diz uma regra – mata-o.

Karl Rahner tem uma percepção afinada desse anonimato. O ouvinte da palavra é ouvinte, não falante. A palavra é dirigida a ele antes que ele possa dizer alguma coisa em relação a ela, e também não precisa dizer nada; as palavras que pode ouvir e entender são palavras em seu silêncio. Mas são dirigidas a ele, e ele tem a ver com elas a partir de si. Ele é capaz de entendê-las, pois elas o conduzem para além de si mesmo. Elas o determinam e possibilitam um comportamento qualificado. Têm importância existencial. Elas o ajudam a progredir, pois o alertam: "Torna-te quem tu és" e "Sê quem tu serás". O silêncio com o qual elas se defrontam e que o torna capaz de responder é o existencial sobrenatural de sua pessoa.

---

[122] Josef Zmijewski, verbete "Anonymität". In: *LThK*, vol. 1, 702-704; aqui 703.

[123] Cf. *Michel Foucault, ausgesucht und eingeleitet von Pravu Mazumdar*. München, 1998 (Philosophie jetzt. Ed. por Peter Sloterdijk) com os temas: Wer spricht? (85s); Das Aussen (181s); Die kreisende Sprache (258s).

O ouvinte da palavra não é alguém que dispõe da palavra. É alguém para o qual a palavra se volta e com quem se relaciona. Ela o aperfeiçoa e lhe dá asas. Tem caráter personalizante e socializante. É uma palavra que o liberta.

Aquilo que ele ouve e aquele que ele é deixam-se condicionar mutuamente. Numa variante de um ditado alemão, esta relação soa assim: Dize-me o que ouves e eu te direi quem és. A palavra tem caráter existencialmente determinante, pois já é sempre dirigida a ele. Ouvir e entender não se esgotam na acústica ou em uma reflexão pós-ordenada do intelecto. Eles têm caráter de encontro da existência. Quanto mais a pessoa visada ouve e entende, tanto mais ela se encontra, tanto mais se torna pessoa.

Por isso Karl Rahner condiciona a relação da palavra com o ouvinte a partir dos dois lados. Ele diz da palavra que, no caso em que se manifesta no mundo, torna-se ser humano.[124] Tem significado encarnacional. E ao ser humano Rahner chama de "espírito no mundo", uma "potentia oboedientialis" do poder-ouvir Deus, e numa outra colocação a partir de seu ser uma existência ouvinte e, onde se determina o que foi ouvido, uma "existência dogmática".[125]

Entre o ouvir e o falar há um desnível social, pois os ouvintes aceitam quietos alguma coisa, ao passo que os falantes o apresentam em voz alta. No entanto, ambos estão relacionados. Sem ouvintes, o falar é inútil e sem que alguém diga alguma coisa, ninguém tem a possibilidade de ouvir.

---

[124] Cf. Karl Rahner, Zur Theologie der Menschwerdung. In: idem, *Schriften zur Theologie* IV. Einsiedeln, 1960, 137-155.

[125] Karl Rahner, verbete "Dogma". In: *LThK*, vol. 3, 438-446; aqui 444.

Por isso deveriam os ouvintes também poder falar e falantes ser também ouvintes. Ambos são ouvintes. Por isso Rahner pensa sua relação a partir do ouvir e não do falar. O superior deve ter alguma coisa a dizer, se quiser afirmá-lo com exatidão. Deve ouvir o que foi dito e dele entender alguma coisa. Do subalterno vale o mesmo inversamente. Ele tem algo a dizer se ouve o que foi dito e souber afirmá-lo com exatidão. Por isso há em sua relação um problema social. Naturalmente, o subalterno nem sempre tem razão, e o superior nem sempre está errado. Mas um tem o problema de dar provavelmente respostas a perguntas que ninguém faz, e o outro, de ter respostas mas que não pode dá-las porque ninguém o escuta, porque ninguém o deixa falar. Passa e fica despercebido. Seu testemunho não é conhecido. Continua, como ele mesmo, anônimo. Mas ele pode calar.

Portanto, o problema no ouvir a palavra está no falante que precisa falar. O tratamento desse desafio diferencia as duas edições do livro *Hörer des Wortes*. Há um tratamento diferente do tema na segunda edição. Na segunda, o ouvinte da palavra é alguém que reflete sobre ela e a torna objeto de afirmações frasais. Na primeira, a palavra é um sinal eficaz do poder-entender. Ela faz com que o ouvinte encontre uma existência silenciosa em Deus.

Esta mudança de perspectiva atinge o anonimato. Perde em sentido objetivo e ganha caráter subjetivo. Deixa de ser uma grandeza linguística. Torna-se um fenômeno intelectual, uma categoria de reflexão. O novo posicionamento em relação à palavra, na segunda edição de *Hörer des Wortes,* faz da indizibilidade do conceito insuficiente uma compreensão insuficiente, mas cria desde então o debate com Karl Rahner. Esta diferença foi notada e constatada expressamente também numa perspicaz recensão de 1970. Seu autor, Tuomo Mannermaa, de Helsinki, escreve na revista de teologia católica sobre a questão: Uma tradição falsa de interpretação de *Hörer des Wortes,* de Karl Rahner? "A história conhece mais exemplos que criaram uma tradição que então passa continuamente de autor para autor. Parece que a obra *Hörer des Wortes,* de Karl Rahner, já tenha provocado tal tradição. O conteúdo dessa falsa interpretação é, a meu ver, a afirmação de que HdW1 é um 'sinal conceitual' dos fatos revelados sobrenaturalmente. A origem demonstrável por escrito dessa interpretação é a observação de J. B. Metz, na segunda edição, por ele editada, de HdW."[126] Refere-se à observação 2, à página 187, na segunda edição de *Hörer des Wortes.*

Não devo comentar este texto aqui. Meu problema é o anonimato. Significa ele coisa sem nome ou irrefletida? O próximo inciso aborda esta questão, pois se refere ao diálogo inter-religioso. Visa reflexão ou à própria vida que se documenta na linguagem?

---

[126] Tuomo Mannermaa, Eine falsche Interpretationstradition von Karl Rahners "Hörer des Wortes"? In: *Zeitschrift für katholische Theologie* 92 (1970), 204-209; aqui 204. Cf. para o tema a nova edição completa dos escritos de Karl Rahner com a comparação sinótica das duas edições no volume 4 de *Hörer des Wortes. Schriften zur Religionsphilosophie und Grundlegung der Theologie,* Freiburg, 1997, 2-281.

7.2. Nome e sem nome

Todas as pessoas são ouvintes da palavra. Sua existência é possível entendê-la, pois a partir da palavra, assim como inversamente, ela pode ser determinada a partir de sua existência. A partir da palavra – pois ela abrange e sobrepassa as pessoas: é a palavra de Deus. A partir das pessoas – pois ela é dirigida a elas; elas são aquelas que se encontram nela, ela é o conteúdo de sua existência original.

O ponto central em *Hörer des Wortes* não está em Deus, mas nos seres humanos. São eles que ela interpreta e que a entendem. Graças à palavra são parceiros de Deus. Ela os capacita a perguntar por ele e a escutá-lo. Modelo e conteúdo da parceria de Deus com os seres humanos é Cristo. Ele é a palavra que se fez carne. Ele a encarna em palavras e atos. Ele é a própria palavra. Entre Deus, ser humano e Cristo há uma vinculação objetiva na compreensão da palavra. Compõe-se de Deus que se volta para a humanidade, do ser humano que é ouvinte de sua palavra e de Cristo que é homem entre os humanos, que encarna e anuncia a palavra. Ninguém pode subtrair-se dessa vinculação que tem com Cristo. Homem e mulher têm essa vinculação com Deus e consigo mesmos; com Deus, porque Cristo é a palavra de Deus e consigo mesmos porque Cristo está entre os humanos, e todo ser humano se torna irmão e irmã desse homem na cruz de sua própria vida. Ele assim se torna na maioria das vezes anonimamente. Mas cada vida traz em si este mistério insondável.

Mas o cristianismo traz isto à baila. É a religião da união do ser humano com Deus em Cristo. Isto pode e deve tematizar o ser-humano de Deus e o ser-divino do ser humano. Deus é o criador e ao mesmo tempo o irmão do ser humano, assim como este é por sua vez irmão ou irmã de Jesus e também filho de Deus.

Karl Rahner entende o cristianismo no sentido dessas afirmações básicas. Ele não nega sua história. Mas não o entende historicamente. Entende-o de modo programático. É um esboço de vida, do mais exterior e do mais interior, do menor e do maior, do último e do primeiro, do invisível e do visível que pode tornar-se tema em relação ao outro e que afirma sua originalidade e inderivabilidade no seguinte: o invisível está como o visível, talvez sempre presente no outro. São indizíveis e inominados, reciprocamente presentes no outro.

A linguagem humana abrange esta relação e a descreve. Ela sabe distinguir entre aquilo que se diz de alguém e a própria pessoa. Conceito e objeto nunca são idênticos. Mas a linguagem consegue descrever o inatingível em sua inatingibilidade e todo o objetivo em sua objetividade, bem como em sua subjetividade. Ela caracteriza algo, mas nunca se torna aquilo que caracteriza. Ela designa algo, mas o designado não é sua designação. Permanece diante dela, ainda que adequadamente caracterizado, infindamente diferente. Por isso diz um princípio de filosofia tomista: "Individuum est ineffabile".

A descrição das coisas e as coisas que a linguagem descreve distinguem-se sempre entre si. Não se pode identificá-las. A designação e o designado, o nome e o inominado, a discussão e o caso discutido devem sempre ser diferenciados linguisticamente, mas não constituem uma contradição real. Constituem na linguagem um contraste funcional.

O cristianismo, como Karl Rahner o entende, faz desse contraste um tema. É um programa de designação do indizível no inominado da respectiva compreensão: a palavra indizível no ouvinte anônimo.

Objetivamente considerado, o anonimato significa a indizibilidade e a anonimidade de tal compreensão. Por isso pode-se chamá-la de mística. Ela existe de fato, mas não tem nome. Alguém pode descobri-la, mas precisa de olhos que enxerguem e de ouvidos que escutem. Ela não força ninguém. Mas se alguém a entende realmente, então deve-se converter.

O cristianismo anônimo é um cristianismo desse inominado. Tem precisamente caráter místico. Mas pode designar fatos que o explicam programaticamente. Ele designa a cruz da vida e sua transcendência. Ele a traz exemplarmente à baila. Mas ele não se esgota em sua tradição. Não consiste de tradicionalismo. É a religião da existência espiritual do mundo secular.

O fato de que devemos distinguir entre os nomes e aquilo que designam, sabem-no suas fontes. O exorcista desconhecido de que fala Mc 9,38, procede como Jesus sem declarar-se partidário dele. Não se deve condená-lo por isso, ainda que os discípulos o quisessem.

Diz-se da regra de ouro em Mt 7,12 que ela contém a Lei e os Profetas, mas que é a quintessência de toda a revelação.

O evangelho fala também do emprego impróprio de títulos e nomes. Nem todo aquele que cumula Jesus de nomes e lhe diz Senhor, Senhor, entra no reino dos céus, mas aquele que faz a vontade do Pai. Por isso Jesus também proíbe Pedro de chamá-lo de Messias. O fato de o cristianismo não se esgotar em profissões de fé, que podem ser mal usadas, como já foram, mostra-nos o mistério a respeito do Messias e a proibição de assim confessá-lo em Mc 8,30 e Mt 16,20. Os discípulos não devem dizer a ninguém mais que ele é o Cristo.

O Reino de Deus existe no oculto. Afasta-se de olhares ignorantes. Ele existe, mas não se pode vê-lo. É como o tesouro no campo, a semente no solo e a dracma perdida dentro de casa. É o mistério absoluto.

O cristianismo anônimo designa assim uma constelação exemplar de cristianismo. Significa a fé anônima em Deus e em Cristo no mundo secular. É um programa desse inominado hoje.

7.3. O inominado da experiência de Deus hoje

Características do cristianismo são as profissões de fé. Têm peso institucional. São elas que o tornam palpável na sociedade e lhe conferem existência histórica. Mas o cristianismo não se esgota em suas profissões de fé, pois ele é anterior a elas e vai muito além delas. Antes que se confessasse Jesus, ele e sua mensagem já existiam há muito tempo. O que dele se diz e afirma ultrapassa qualquer noção que possa ter e tudo que se possa esperar. Nenhum olho jamais viu, nem ouvido jamais ouviu o que Deus prepara para aqueles que o amam. A gente confessa algo indizível e sem nome. – Existe o não-pronunciável e o impronunciado no testemunho do cristianismo. Traz à luz algo fundamental que ultrapassa ele próprio infindamente. O não--pronunciável é objeto de sua afirmação. É algo que ele mesmo também confessa.

Karl Rahner faz tema dessa circunstância na palavra "Deus". Designa algo inominável, indefinível, inalcançável que se distingue de tudo o que existe. Ninguém pode falar disso exaustivamente. Quem faz afirmações sobre isso ultrapassa de antemão seus limites. Pois Deus é mais desconhecido do que conhecido. Ele representa surpresas. Ninguém pode calculá-las. Nunca se sabe tudo sobre ele. Existe antes de tudo e, em sua transcendência, está além de tudo. Incógnito, está presente em tudo, em toda parte, a qualquer tempo.

Por isso a palavra de Deus representa, por um lado, um designado desse tipo, mas, por outro lado, pessoas que o tomam e empregam. É uma expressão do uso cotidiano da linguagem que consegue atrair a atenção e que talvez seja a única em condições de apresentar o que por ela foi designado. Imaginemos que tenha desaparecido, então o ser humano deixaria de tematizar o ser-humano. Tornar-se-ia uma coisa entre outras coisas da realidade e não poderia mais relacionar-se com ela. Não haveria nenhuma instância que a limitasse e assim criasse espaço para pertencer a ela e apesar disso ser abrangentemente autônoma nela. "O ser humano teria esquecido o todo e seu fundamento", diz Karl Rahner, "e ao mesmo tempo esquecido que esqueceu. O que aconteceria então? Só podemos dizer: ele deixaria de ser um ser humano".[127]

A palavra Deus é o nome do inominado e incompreensível. Vai ao encontro da pessoa e a olha como um "rosto cego". Não diz nada sobre o considerado e expressa talvez

---

[127] Karl Rahner, Meditation über das Wort Gott. In: Hans-Georg Schulz (ed.), *Wer ist eigentlich Gott*. München, 1969, 18.

através disso tudo o que podia ser considerado, o calado, que sempre está presente, mas que sempre pode ser omitido, não ouvido e passado por cima porque diz tudo no todo e no único.

Representa assim uma experiência fundamental da vida de hoje, a experiência de uma diferença entre aquilo que se diz e aquilo que se explicita. Toma-se como verdadeiro algo que foi dito, mas não liga a isso nenhum objeto. Toma-se um objeto como verdadeiro, mas não se pode dizer nada sobre ele.

A experiência de Deus hoje é a experiência desse tipo de diferença. Temos que distinguir entre aquilo em que ela consiste e aquilo como ela vem descrita. Pode ser uma experiência para a qual nem se emprega a palavra Deus. Mas também existe o outro caso. A gente a emprega, mas não para a experiência a que se refere ou que alguém tem. Em nenhum desses casos descreve o estado de coisas considerado: a diferenciação entre conceito e experiência na própria experiência.

Por isso Karl Rahner fala de uma "experiência anônima de Deus" hoje.[128] Ela se caracteriza por dois fatos da vida humana: pela indizibilidade que há nela e pela inominabilidade com a qual luta. Esta experiência percebe a diferença entre os fatos e o nome. Pode-se descrever a indizibilidade da própria experiência. Movimenta-se entre o universal e o nada.

Ela é geral porque transforma a pessoa na pessoa do presente. Ela é fundamental, pois precede a palavra "Deus" e também

---

[128] Cf. Karl Rahner, Gotteserfahrung heute. In: idem, *Schriften zur Theologie* IX. Einsiedeln, 1970, 166.

não pode esgotar-se nela. Pois Deus tem muitos nomes. Não se pode de forma alguma limitar-se a um só. Sem a experiência nenhum deles tem sentido. Mas ela é anônima porque não tem nome e ainda se luta por ele.

Medianeiro dessa experiência de Deus hoje, diz Karl Rahner, não é tanto uma existência especial como aquela do santo sábio e contemplativo, "e sim a da pessoa que carrega não pateticamente, mas calada sua responsabilidade isolada, que está abnegadamente aí para o outro".[129]

Sua experiência anônima, indizível, diz Karl Rahner, constitui o cerne do cristianismo. Pois, assim esclarece a seguir, "não é em sua verdadeira natureza a religião particular ao lado de outras, mas a pura objetivação histórica da experiência de Deus que, devido à vontade salvífica de Deus, está em toda parte como graça através de sua autocomunicação".[130]

Por isso não se esgota de forma alguma nas práticas da religiosidade tradicional, mas traz programaticamente à discussão a experiência humana de Deus. Caracteriza-se em sua indizibilidade e inominabilidade, pois ambas as propriedades são características da verdade da autêntica revelação. Torna esta presente na história em sua profissão de fé em Deus, em Cristo e no Espírito. Por causa disso é diferente de outras religiões. Mas pode assumir sua experiência e levá-la adiante.

---

[129] *Ibidem*, 173.
[130] *Ibidem*, 176.

7.4. Uma forma típica de discurso anônimo – o mistério absoluto

O anonimato caracteriza a experiência humana. Consiste na diferenciabilidade entre alguém com quem a gente se encontra e aquilo que dele se diz. O nome que lhe damos e o conceito que dele temos nunca são idênticos com a vida que se leva e com o ser que ele mesmo é. Por isso pertence ao dito sempre o não-dito, ao denominado o não-denominado e ao conceito o objeto não conceituado. A percepção de sua diferença dá lugar ao anonimato. Possibilita descobertas.

Este contraste torna-se especialmente claro na experiência de Deus e atinge precisamente ali seu ponto alto. O dito representa aqui simplesmente um indizível, o nome é o nome de algo sem nome e o conceito é a expressão de alguma coisa que não se pode entender em absoluto. Mas o ser humano tem a capacidade de falar sobre isso. O discurso sobre Deus tem como objeto a diferença entre o dizível e o indizível. Ele possibilita um tratamento diferenciado de ambos. O ser humano é um ente que tem através disso a experiência de Deus. Karl Rahner recupera para o cristianismo, com a chamada de atenção para o anonimato no cristianismo, a experiência fundamental de toda existência humana. Torna-a aberta para a realidade. Abrange com esta categoria a realidade indizível e sem nome para a qual existe e aponta.

Não se consegue dar o devido valor a este programa, pois ele capacita para um tratamento realista do próprio cristianismo, cria bases para a discussão de interpretações, de que foi alvo o conceito de anonimato de Karl Rahner, e esclarece a relação com outras religiões.

O tratamento do cristianismo pode ser idealista. Neste caso não se distingue entre o absoluto e uma absolutização. Deus é absoluto em sua indizibilidade e inominabilidade. Por isso, Rahner o chama de mistério absoluto. A absolutização confunde Deus com o discurso sobre ele e acha que a afirmação sobre ele seria idêntica a ele mesmo. Não distingue entre a denominação e o denominado.

Existe na própria Bíblia o discurso anônimo sobre Deus. Alguns exegetas o chamam de *Passivum divinum* e designam assim a capacidade não de empregar o nome de Deus, mas de substituí-lo por outras expressões equivalentes – com o mesmo valor. Exemplos disso são o termo céu em vez do nome Deus ou também alocuções definitivas como bem-aventurados os que choram porque serão consolados. O definitivo do consolo que aqui se anuncia é Deus.

Um cristianismo que não é capaz de especificar alternativamente sua profissão de fé e expô-la numa linguagem profana, não consegue explicá-la a ninguém. Não teria força de expressão e teria perdido tudo o que é e pretende ser.

Forma típica de discurso anônimo em Karl Rahner é a expressão de mistério absoluto. Ela substitui o nome Deus por uma descrição sem nome e caracteriza assim a realidade experimental do nome.

Este recurso linguístico faz com que pareça insuficiente e estranha a interpretação teórico-reflexiva do conceito de anonimato no sentido de Rahner, que no entanto domina atualmente a discussão dele.

Neste outro sentido, o anonimato não substitui a inominabilidade, o que a palavra significa etimologicamente, mas a absolutização do indeterminado, a entrada do estranho, bem como uma subordinação inadmissível.

Baseado nisso, Hans Urs von Balthasar tece a mais violenta crítica. Segundo ele, a essência do cristianismo está em sua confissão. É testemunhada subjetivamente. Neste sentido, seus escritos *Cordula oder der Ernstfall*, bem como *Glaubhaft ist nur die Liebe*.[131] O mesmo se diga de Henry de Lubac. Ele concorda com o discurso do cristão anônimo, mas rejeita a expressão cristianismo anônimo. A primeira expressão significa que alguém vive cristãmente sem ser cristão. Isto significa que pode haver cristianismo sem a adesão confessional dos cristãos. Por isso, tanto de Lubac quanto von Balthasar veem no conceito do "cristianismo anônimo" uma absolutização da indeterminação do cristianismo e uma traição à sua confissão.[132] O que não é historicamente palpável, refugia-se numa afirmação idealista no sentido de Hegel.

Karl Rahner sentiu-se mais incompreendido do que refutado com esta oposição. Vê nela uma contradição e diz: quem admite o conceito do "cristão anônimo" não pode rejeitar o conceito de cristianismo anônimo, pois quem vive cristãmente comporta-se no sentido do cristianismo.[133] Este também deve então poder existir anonimamente.

---

[131] Cf. Urs von Balthasar, *Cordula oder der Ernstfall*. Einsiedeln 1966; bem como idem, *Glaubhaft ist nur die Liebe*. Einsiedeln, 1963. Ele vê neste conceito uma generalização inexistencial.

[132] Cf. Henry de Lubac, *Geheimnis, aus dem wir leben*. Einsiedeln, 1967.

[133] Cf. Karl Rahner, Anonymes Christentum und Missionsauftrag der Kirche. In: idem, *Schriften zur Theologie* IX. Einsiedeln, 1970, 498-515.

Esta resposta é convincente. Também é confirmada de outros lados. Apesar de todas as profissões de fé e de seu quadro institucional, Mahatma Gandhi perguntou certa vez: onde se encontra afinal o cristianismo? Anthony de Mello trata desse problema em uma paródia: em um congresso das religiões elas se apresentaram a um grande público. O judaísmo referiu-se à sua escolha por parte de Deus; o islã, a seu devotamento a Deus e o cristianismo à sua filiação de Deus. Um visitante do congresso dirigiu-se ao próprio Deus e lhe perguntou: o que te parece este congresso? Deus respondeu: Não fui eu que o organizei. E se me tivessem convidado a participar, não teria aceito.

Karl Rahner fundamentou e defendeu sua concepção com base em referências e exemplos da tradição. São Justino, mártir, conhecia os "logoi spermatikoi" e Tertuliano falava da "anima naturaliter christiana". Esta estratégia não convenceu os opositores e críticos. Reconheceram que o ponto de vista dele divergia daquele da tradição, mais do que ele mesmo talvez tenha admitido. Ele defendia algo novo. A tese do cristianismo anônimo não é nenhuma repetição da tradição. Ela é um programa. Não coloca o cristianismo na ponta da evolução histórica na história das religiões,[134] mas diante de uma tarefa. Tem de aprender que se deve distinguir entre a confissão e a coisa confessada. Tem de tematizar seu inominado e não repetir o já denominado e afirmado como oração mecânica. Deus pode estar lá onde não

---

[134] Este modo generalizador de ver e sua concepção evolucionista da história dominam quase por completo os conceitos alternativos. Cf. Jacques Dupuis,. *Toward a christian theology of religious pluralism.* New York, ³2001, 130-157.

o vemos, e falar lá onde não o escutamos. A tarefa está em conseguir que ele seja ouvido e tornar visível o invisível. A doutrina do cristianismo anônimo não é nenhuma absolutização do cristianismo, pois ela aponta para algo indisponível. Com ela o não-cristão não é cooptado, mas confirmado em sua própria experiência de Deus e em sua indisponibilidade. O cristianismo deve aprender a falar de forma nova sobre Deus, o ser humano e o mundo.

Uma interpretação teórico-subjetiva desse programa leva necessariamente ao mal-entendido de uma cooptação do não-cristão. Ernst Bloch resiste a ela com a tese contrária de "Atheismus im Christentum" e Bertrand Russell em seu livro *Warum ich kein Christ bin* (Por que não sou cristão).

A concepção de Rahner não coopta ninguém, mas anima muitos a confissões próprias. Ela continua sendo objeto de interpretações teórico-subjetivas e teórico-reflexivas. Exemplo recente é dado pela chamada teologia pluralista da religião, com a afirmação de que seu ponto de vista seria "inclusivista".[135] Esta censura menospreza a antropologia no cristianismo. O ser humano não é feito para a religião, mas esta existe para o ser humano e é avaliada em sua relação com ele. Ele existe, mas não sem sua indisponibilidade. "Individuum est ineffabile" – O único é indizível.

---

[135] Cf. Perry Schmidt-Leukel, Martin Bauschke, Paul F. Knitter et alii. Também seus opositores trabalham com esta classificação, cf. por exemplo Gavin D'Costa, *Theology and religious pluralism. The challenge of other religions*. London, 1986, 80-116.

Karl Rahner não tem nenhuma concepção inclusivista, menos ainda integralista da religião. Se quisermos esquematizar seu programa, então deve ser agregado ao pluralismo. Ele mesmo não torna tema a multiplicidade, mas sim o ser humano que se comporta diferenciadamente com relação a ela. Ele toma em consideração o que falta à teoria pluralista da religião, isto é, a relevância antropológica, social e metafísica da pluralidade.[136] Não se deve absolutizar Cristo – ele não tem necessidade disso – nem tratá-lo aleatoriamente, como se fosse apenas um entre muitos e alguém sempre ordenado de acordo com os muitos. Ele não é um caso excepcional em sua relação bilateral, mas a figura meramente exemplar. Ele faz do particular e de sua determinação uma medida de avaliação de cada todo.

---

[136] Raimon Panikkar menciona quatro atitudes básicas no relacionamento das religiões: exclusão, inclusão, uma ao lado da outra e interpenetração mútua. Poderíamos falar em um "pluralismo pericorético". Cf. idem, *Der neue religiöse Weg. Im Dialog der Religionen leben.* München 1990, 19s.

Panikkar não refere o inominável aos cristãos e ao cristianismo, como Rahner, mas ao próprio Cristo. Por isso o título do livro: *Der unbekannte Christus im Hinduismus.* Mainz, ²1990.

Realça nesta designação de soberania o sentido funcional. Também na Bíblia ela tem este sentido, pois o que fizestes ao menor de meus irmãos foi a mim que o fizestes, diz o Filho do Homem. Mas sob este ponto de vista, o título de Cristo não está no mesmo nível da designação hinduísta Isvara, pois não significa uma pessoa concreta nem circunscreve a constelação do Filho do Homem. Isvara deixa em aberto o que é afirmado de Cristo. Mas a comparação mostra que o anonimato tem sua precisão e que pluralidade tem um sentido fundamental no relacionamento das religiões. O anonimato não se esgota em generalidade mítica. Devido às suas referências concretas, é uma categoria cristológica.

A linguagem é um mundo à parte. Não se deve reduzi-la simplesmente ao metafísico. Ela é o lugar de cada discurso sobre o verdadeiro e o falso.

Sem nome não significa sem linguagem. No começo do tratamento de tudo o que existe não está o nome, mas a descrição. Em Aristóteles e Tomás de Aquino se lê: "Quod est primum in re, non est primum in cognitione". – O primeiro na realidade não é o primeiro no conhecimento.

Por isso nem a religião, nem a teologia podem começar sua afirmação sobre Deus em Deus. Ambas devem aprender que sobre ele se deve calar para poder falar sobre ele. Exemplo disso é a Bíblia que engloba livros nos quais não se emprega o nome. Este silêncio é o pressuposto de todo discurso. Não feri-lo, mas aprofundá-lo é o indicativo da arte do discurso. O diálogo inter-religioso deve, pois, fomentar a ambos: o ser humano e a religião; o ser humano em sua importância transcendental e a religião em sua tarefa mais íntima. Os dois se comportam não como um superior e um inferior, mas como um inferior que pode chegar ao mais elevado, e um superior que é um inferior.

Existem, portanto, na base da doutrina sobre Deus no diálogo das religiões dois pontos centrais: um antropológico e um sociológico. Como está ela em relação ao ser humano? Acha que ele existe para ela ou ela para ele? E como se comporta para com a ordem? Tem ela uma opção pelos pobres ou pelos ricos? A doutrina do cristianismo anônimo afirma: o cristianismo tem dois pontos centrais indizíveis: um antropológico – o ouvinte da palavra – e um sociológico – a palavra de uma nova ordem das coisas, em que os surdos podem ouvir e os mudos podem falar a palavra de uma teologia libertadora.

Esta doutrina é anônima porque se encontra em toda parte, mas ninguém ousa falar dela e aqueles que dela falam estão ocultos. Só podem falar lá onde não só se escuta, mas também se entende, não só se fala, mas também se age, não só se curva, mas também se dá a partida.

O cristianismo anônimo não é apenas a chance da salvação das pessoas fora do cristianismo, mas o próprio cristianismo sob as condições da vida extra-cristã. Significa menos ou mesmo nada a religião não cristã, mas as pessoas dessa religião sob as condições de vida do mundo atual. Onde se trata de ser e não-ser, o ser cristão é a redenção do ser humano. Os sistemas religiosos não são o tema central do diálogo inter-religioso. Seu tema são as pessoas desse sistema. Deus está no lugar delas. E só na diferença em relação aos sistemas, pode-se falar de Deus como Deus. Pois ele representa uma civilização do amor.

Por isso o cristianismo anônimo é um programa. Ele concede a primazia não à titulação, mas à descrição e, através dela, dá importância aos títulos. A experiência hodierna de Deus é exemplarmente realçada com este princípio. Representa o mistério absoluto da existência profana e espiritual. Caracteriza a experiência secular da religião. Possibilita um discurso sobre Deus que abrange de uma só vez o ser humano e o mundo. Rahner gostaria de colaborar para sua autenticidade no presente. Sua tese do cristianismo anônimo constitui para isso o programa fundamental.

Sociologia da Religião

Joaquim Costa

128 páginas
ISBN: 978-85-369-0171-8
Formato: 14 x 21 cm

Em todos os tempos, a religião fundamenta a experiência do ser social. Se, de um lado, a religião influencia as sociedades a partir de seus dogmas e ensinamentos, por outro é balizada pela concepção individual ou de grupo possibilitando mudanças essenciais para sua compreensão. A religião está em construção e, por isso, será sempre objeto de estudo. Nesse sentido, a nova obra da coleção Cultura & Religião – Sociologia da Religião – propõe ser uma breve introdução, porém, ao alcance também dos conhecedores do tema com descrições e reflexões precisas, rigorosas e profundas, apresentando as principais teorias sociológicas sobre a religião, através do pensamento de Karl Marx, Friedrich Engels, entre outros.

Cristianismo e Relativismo
Verdade ou fé frágil?

René Girard e Gianni Vattimo

120 páginas
ISBN: 978-85-369-0182-4
Formato: 14 x 21 cm

A religião e a modernidade, vistas do prisma da filosofia, é o tema da obra Cristianismo e Relativismo – Verdade ou fé frágil?, publicada pela Editora Santuário. Organizada por Pierpaolo Antonello e assinada por dois dos maiores pensadores contemporâneos – o antropólogo francês René Girard e o filósofo italiano Gianni Vattimo –, a obra reúne pela primeira vez uma série de diálogos ocorridos em várias ocasiões públicas ou acadêmicas. Voltada para estudantes e profissionais das áreas de filosofia, antropologia, teologia e demais interessados no assunto, aborda os temas Cristianismo e Modernidade; Fé e Relativismo; Hermenêutica, Autoridade, Tradição; Girard e Heidegger: Kénosis e fim da metafísica.